産業革命

起源・歴史・現在

THE INDUSTRIAL REVOLUTION

A Very Short Introduction

ロバート・C・アレン
Robert C. Allen
長谷川貴彦 訳

白水社

産業革命

——起源・歴史・現在

THE INDUSTRIAL REVOLUTION:
A Very Short Introduction
by Robert C. Allen

装幀＝藤井紗和

目次

謝辞 7
第1章 過去と現在 9
第2章 産業革命の前提条件、一五〇〇～一七五〇年 29
第3章 なぜ産業革命はイギリスから始まったのか? 53
第4章 イギリスの変容 85

第５章　改革と民主主義　113
第６章　産業革命の世界的拡大　141

訳者解題　169
図版一覧　xxv
参照文献　xix
読書案内　xi
出版社による謝辞　ix
索　引　i

凡　例

一、本書は、Robert C. Allen, *The Industrial Revolution: A Very Short Introduction*（Oxford: Oxford University Press, 2017）の全訳である。

一、訳文中の（　）、［　］、——は原著者によるものである。ただし、一部、原文から取り外して訳出した箇所がある。

一、原文中の引用符（クォーテーション）は「　」で括り、大文字で記された文字についても「　」で括った箇所がある。

一、原文中のイタリック体で記された箇所には、原則として傍点を付した。

一、訳者による補足および簡単な訳註は、すべて〔　〕で括って挿入した。

一、地名・国名の表記については、一部、「アメリカ合衆国」を「アメリカ」ないし「合衆国」、「ソヴィエト社会主義共和国連邦」を「ソ連」と省略し、また、原則として「イングランド」はそのまま残し、そのほかは「イギリス」で統一した。

一、原著で引用されている文献のうち既訳のあるものは、わかる範囲で書誌情報を併記した。また、訳出にあたっては可能なかぎり既訳を参照したが、訳文については必ずしもそれに拠らない。

一、原著の明らかな間違いや体裁の不統一については、訳者の判断で整理した箇所がある。

一、索引は原著に則って作成したが、一部、訳者のほうで整理した箇所がある。

謝辞

二度にわたりVSI（Very Short Introduction）シリーズの書物を執筆する契約を私に結ばせたオクスフォード大学出版局のアンドレア・キーガンの手腕には、心からの感謝を申し上げたい。

第3章のほとんどは、もともとは別の論考（Robert C. Allen, 'Technology', in Roderick Floud, Jane Humphries, and Paul Johnson eds, *Cambridge Economic History of Modern Britain*, Cambridge: Cambridge University Press, 2014: Vol. 1, pp. 292–320）として発表したものである。文献を使用することを許可していただいたケンブリッジ大学出版局にも感謝したい。

草稿の段階で目を通し、コメントを頂戴した以下の方々にも御礼を申し上げたい。ダイアン・フランク、マシュー・アレン、リギタ・ヴィコカイテ、スタンリー・エンガーマン、パトリック・オブライエン、ペトラ・モーザー、ピーター・テミン、そしてオクスフォード大学出版局の原稿校閲係の面々。彼／彼女らの反応からは、大いに得るものがあった。もちろん残された誤りについては、すべて私の責任となる。

書物を執筆するということは、思っているよりも時間を要するものだ。そうした時間は、週末、夕べの時間、休日などから奪われていく。木を植えたり、垣根を作ったり、ヨーロッパ中を自転車旅行し、博物館や田舎の大邸宅を訪問したりする機会を失ったことを思うと、妻であるダイアンと息子のマシューの理解ある態度には感謝しないわけにはいかない。しかし、ダイアンには少しばかりの責任がある。私がマシューと書店にいてＶＳＩの書棚を眺めているときに、ダイアンは「あなたはこのシリーズに執筆できるのよ！」と突然に言いはじめたからだ。そしてようやく現在にたどり着いた。

スタンリー・エンガーマンとピーター・テミンは、偉大なる研究者であり、その作品は私を刺激し、多くのことを教えてくれた。彼らは私に生涯を通じて助言と激励、友情と支援を与え続けてくれた。そのことには大いに感謝したい。この書物を彼らに捧げることができるのは、私にとっては大いなる喜びだ。

第1章　過去と現在

ここでは、次のような問題を提起したい。つまり、「なぜ私たちが生活している世界は、ブリューゲルの絵画のようなものではなくなったのか」ということである。ペーテル・ブリューゲルは、一六世紀フランドル地方（図1を参照）の小都市や村落の日常生活を描いた画家だ。農民たちは、馬に乗って鋤や荷車を引き、都市民は小規模な工房で手工具を用いて仕事をしており、衣服を紡ぎ、豚を屠殺し、パンを焼いていた。実際のところ、食糧生産が経済にかなりの比重を占め、重要視されていた時代だった。

そこでは、教会が突出した存在であった。

娯楽といえば、村落の祝祭を中心に発達した。

もちろん、すべてが現代とは異なる。いまや手工具は、趣味人だけが保有するものとなった。

現在の生産活動は大規模工場の機械やロボットによっておこなわれ、家庭は電気やガスによって暖房されている。木材は暖炉に使用され、木炭が使われるのはバーベキューのための燃料としてだけだろう。私たちは、自動車を運転し、飛行機に乗り、携帯電話で会話をする。私たちは大都市部に暮らす。農民は人口の数パーセントを構成しているにすぎない。田園地帯は、自然との「つながり」を回復する散策のためにだけある。

そうした時代から現在にいたるまでには、数世紀を要した。産業革命はその過程において決定的な分岐点となり、ブリューゲルの時代から現在にいたるまでの中間地点で発生した。「産業革命」とは、一八世紀半ばから一九世紀半ばにかけて発生したイギリス社会の広範囲におよぶ構造転換を意味している。革命は「ジキル博士とハイド氏」のような二つの顔をもっている。肯定的な側面では、工場が手工業生産に取って代わったように、工業技術が革命的に変化した。工業生産力が飛躍的に増大したのは、次のような要因からであった。紡績や織布の機械の発明、精錬や製錬の過程における石炭による木炭の代替、最初の鉄道の建設などである。廉価な石炭が、木材、水力、風力のような再生可能エネルギー源を駆逐していった。持続的に生産方法の改良を追求することは、通常の企業活動となった。

図1　ペーテル・ブリューゲル（父）『ネーデルラントの諺』の細部

農業から工業や商業へと人口が移動するにつれて、都市が成長した。生産性や生産高が一八世紀半ばから上昇して、西洋の繁栄を生み出した。これが、ジキル氏の善意に満ちた顔である。

産業革命はまた、暗黒の側面をもっている。というのも、進歩と同じく貧困をもたらしたからだった。これは、ハイド氏の悪意に満ちた顔となる。技術の変化は、多くの民衆から仕事を奪うことになった。新規の工場では一日一二時間労働が当たり前となり、稼ぎはわずかなものとなった。成長する都市での労働者の住宅は汚く不快で、下水道の設備や安全な飲料水を欠いていた。都市は汚染されており、教育の施設は限定されていた。ロマン主義者には都市の新秩序を拒絶するものもおり、多くの著述家たちは「社会派小説」でその矛盾を告発していた。労働者は、生活条件を改善するために（非合法ではあったが）労働組合や抵抗運動を組織化し、社会主義者は、よりよき社会秩序の構想をめぐらした。外国から来たものは、これらを見て愕然とした。というのも、彼らは、貧困なきイギリスの進歩の姿を想像していたからだった。よりよき生活を営む可能性を労働者階級が手にするまでに、どうしてこれほどまで長い時間を要したのであろうか。

産業革命のはらむ矛盾は、その発展の歴史に固有のものだった。産業革命という言葉自体が、誤解されやすいからだった。つまり「革命」とは、それ以前との劇的な断絶を意味していたからである。そして、アーノルド・トインビーが一八八四年に刊行した『一八世紀イングランドの産業革命講義』でこの言葉を普及させたときに、彼の意図がそこに置かれていたことは間違いないだろう。しかし、歴史家たちは、産業革命が過去二世紀の経済発展の集積であることを認識している。一四九二年のコロンブスのカリブ海への航海に続いて、ヨーロッパ人は南北アメリカを植民地化し、大西洋経済が好況に沸いた。とりわけイングランドは、この植民地事業において成功を収め、未来の合衆国東岸となる地帯とカリブ海に植民地を建設した。大西洋経済は、イングランドの産品に大規模な市場を提供し、結果として手工業部門が成長した。この手工業部門は、産業革命の黎明期に労働力の三分の一を雇用していた。雇用の大規模な増加は、農業革命へとつながり、製造業人口に食糧を提供することになった。成長する都市に熱源を提供するため石炭が採掘され、エネルギー革命が発生した。賃金水準はほとんどの国を凌駕することになった。高賃金と安価なエネルギー源によって、技術革新に対する誘因が与えられ、労働と比較した場合の資本とエネルギーの使用を増大させた。動力にもとづく機械は生産性を増大させた。そうした技術は、フランス、エジプト、インドでは用いられていなかった。したがって、ほかでもなくイギリスで発明しなければならなかったのである。このことが、産業革命がイギリスで発生した理由となっている。

しかし、産業革命期の経済は不安定であった。機械が発明されると、手工業部門を駆逐していった。大規模な手工業部門が高賃金の原因となっており、そもそもそれが労働節約的な機械への指向性を生み出していったのである。機械の採用は、次から次へと手工業部門での大量の熟練職人の失業につながった。したがって、一七世紀、一八世紀の手工業部門の成長には、自己破壊の要因が内包されていた。資本主義の特質は、古い生産システムの破壊と同じくらい、新たな生産システムの創造にあった。この過程は、シュンペーターが「創造的破壊の疾風怒濤」と呼んだものであった。「疾風」は、産業革命のなかで吹き荒れて、進歩をもたらしただけではなく、同時に貧困を生み出していった。

産業革命には新たな勝者と敗者が存在し、彼らの熱意や先見性は社会的・政治的な生活全般に影響を与えた。ほとんどの農業地は一万五〇〇〇ほどの家族によって所有されており、この集団の成員が産業革命を通じて議会を支配し、政府の上級官職のほとんどを保持していた。

土地所有者は国民的利害に沿って行動すると主張していたが、他者の利害を犠牲にしてみずからの利害を増進していった。有名な事例としては、一八一五年の穀物法があり、それは安価な輸入小麦を排除することでイギリスの小麦の価格を高値で維持するものだった。参政権の拡大と議会での都市部の利害の代表を増加させるための大衆運動は、一八三二年の選挙法改革へとつながった。それは、中産階級の多くに投票権を与えたが、イギリスの労働者には付与することはなかった。一八三〇年代と一八四〇年代のチャーティスト運動は男子普通選挙を要求したが、その請願は常に否認された。賃金が停滞し貧困が不満の種として存在するかぎりは、上流階級は民主主義を財産への脅威と捉えた。一九世紀半ばになって初めて、機械による生産が手工業生産を一掃していった。その後、賃金が上昇を始めた。生産性の高い職種が生産性の低い職種に比べてかなりの速度で創出され、産業革命が終了し、一八六七年には労働者階級の上層は投票権を獲得した。

革命を強化する

産業革命が持続的な経済成長につながったひとつの理由は、相互に強化することになるいくつかの革命を含んでいたからである。実際のところ、そうした革命のなかには、産業革命の以前から始まっているものもあり、したがって、産業革命とは経済的変容の原因でもあり結果でもあった。

技術の変化は経済成長を促進していく原動力であり、「技術革命」は産業革命の心臓部に位置していた。ある生徒が次のように記していることは、有名な話である。「一七六〇年ごろに新製品の波が、イングランド全体を席捲していた」。もっとも賞賛された新製品は、製鉄業と綿業、動力の駆動機のなかにあった。一七〇九年にエイブラハム・ダービーは、伝統的な燃料である木炭ではなくコークスによる銑鉄の溶錬に成功して、製鉄業での変化の嚆矢となった。ベンジャミン・ハンツマンは、一七四〇年代に「るつぼ」を用いて製鋼法を革命的に変化させた。ヘンリー・コートは、一七八〇年代に錬鉄製造において同じことをパドル法と圧延法によって実施した。綿業では相変わらず紡車か糸巻き棒を用いた手作業での紡績がおこなわれていたが、一七六〇年代にジェームズ・ハーグリーヴスがジェニー紡績機を発明した。リチャード・アークライトは一七七〇年代に水力紡績機を発明し、サミュエル・クロンプトンは一〇年後にミュール紡績機を発明した。

工場での紡績では、一七八五年ごろにエドモンド・カートライトによる力織機の発明が続いたが、その完成までには数十年を要した。最終的には、動力技術は、一七〇〇年代初頭のトマス・ニューコメンの蒸気機関の発明、一七六〇年代のジェームズ・ワットによる改良によって、伝統的ないしは有機的資源（木材、泥炭、風力、水力、畜力）から石炭へと変化した。そうした技術は、その後の一世紀におよぶ過程で改良されていった。一八三〇年代の鉄道と蒸気船の発明によって、この大きな進歩は運輸業のようなほかの産業部門へも波及していった。一九世紀半ばまでに、機械化はほとんどのイギリス産業へも拡大していた。生産と輸送の様式の絶えまない革命化は、産業革命の最大の遺産であった。

「人口革命」が技術変化に続いた。イギリスの人口は、一六五〇年から一七五〇年まで六五〇万人で一貫していた。その後に増加が始まり、一八〇〇年には一〇五〇万人に達し、一八五〇年には二〇八〇万人、一九〇〇年には三七〇〇万人、一九五〇年には五〇〇〇万人となった。そのとき以来、自然増加の割合は、かなりの低水準にとどまっている。工業化、所得、都市化、教育などの経済指標と人口増加との関連は、ロバート・マルサスの独創的な『人口原論』(一七九八年)の刊行以来、研究の主題や論争となった。

「都市革命」も発生したが、それは産業革命以前に始まっていた。一五〇〇年には、イングランド全体の人口のわずか七パーセントが、五〇〇〇人以上の都市部に居住していた。一七五〇年までに、都市人口は二三パーセントにまでに増大した。都市は拡大を続け、一八五〇年には五〇パーセント、一九一〇年には七五パーセントに達した。ロンドンは小規模な都市として出発したが、ヨーロッパでも最大規模の都市となった。首都の人口は、一五〇〇年の五万人から一六〇〇年の二〇万人、一七〇〇年の五〇万人から、最終的に一八〇〇年の一〇〇万人へと増加した。

「農業革命」は、拡大する都市人口に食糧を供給するために必要とされた。このことは一七世紀に始まり、穀物収穫高が高まり、牛や羊がより多くの牛乳や羊毛を産出して、家畜は体重を増やすように飼育された。農業改良は、選種、土地改良対策(ひとつには良質の灌漑設備)、選択交配、新たな輪作法などによるものであり、チューリップやクローバーのような作物を飼料として用いた。同時に、農法も改良され、共有地は囲い込まれて、小農家族は大規模「資本制」農場へと統合されて賃金労働者となった。囲い込みと大規模農場化が農業慣行と生産性の面での改良につながったと長らくみなされてきたが、この見解には繰り返し疑問が挟まれてきた。産業革命を通じて農場での生産は拡大を続けたが、国内の供給力を凌駕する需要を満たすために、イギリスは食糧の輸入にますます依存するようになった。

輸入の増大は、イギリスの変化の別な側面を際立たせることになった。「商業革命」である。輸出入は、国民所得に比べてますます重要になった。この展開は、一六世紀末までには始まっていた。一七世紀には、イングランドは毛織物製品、鉄製品、工業製品を輸出していた。他方で、より多くの商品、つまり砂糖、タバコ、熱帯性の産物などを輸入していた。

産業革命が進行すれば、製造業の輸出品が増大する。イギリスは原料を輸入し綿布を紡ぎ、人口の増加を賄うために食糧を輸入した。

「交通革命」が交易の拡大を支えた。一七世紀、一八世紀には良質の帆船が登場して、海上貨物輸送の費用を低下させた。一八世紀には、内陸貨物輸送の費用は、運河が建設され道路が改良されるにしたがって下落した。馬車の速度が増し、旅行時間は短縮された。一八三〇年以降には、鉄道がさらなるかたちで陸上輸送の費用を削減した。最終的には、蒸気船が海上輸送に対しても同様の効果をもたらした。世界経済が勃興して、グローバル化がイギリスの工業化と第三世界の脱工業化を推進していった。

経済成長は、都市や工場、輸送設備の建設を必要とした。商業の発展は、信用取引の拡大を必要とした。そうしたニーズは、「財政革命」によって満たされた。一七世紀末には、法制度の変化が近代的な不動産市場を創設した。その結果として、土地が長期信用の担保として利用された。イングランドの農業地は担保として譲渡され、収益は都市の建設に使われた。一六九〇年代には、イングランド銀行の設立と国債の借り換えによって公信用が再編成されていった。ロンドンでは民間銀行が発達し、主として国際貿易の資金を提供した。産業革命期の製造業の企業は、小規模なパートナーシップとして始まった。工場は、経営者の所持金によって資金が調達された。所有者が死亡したあとも会社が継続するようになると、一九世紀の半ばに製造業では法人形態による組織が認められるようになった。

マクロな歴史像

そうした相互に結合した革命の一撃によって、長期的なＧＤＰ（国民総生産、総生産高、イギリスの総所得）の増大がもたらされた。過去半世紀にわたって経済評論家や歴史家は、総力を挙げてこの増大、それに関連する生産要素（土地、労働、資本）の増大を測定しようと試みてきた。図２が示すのは、一七七〇年から一九一〇年にいたる一人あたりの労働者の実質的なＧＤＰである。ＧＤＰの成長率は毎年わずか二パーセントにすぎなかったが、一人あたりの生産高は一七七〇年から一八五〇年にかけて二倍となった。それは、最近の「成長の奇跡」と呼ばれるようなものとは比較できるものではない。そこではＧＤＰが一〇パーセントも飛躍的に成長しているからである。しかし、世界の技術の最先端を牽引する経済の領導部門にとって、進歩とは常に緩慢としたものとなる。後発諸国は、発展した諸国での高度な生産性をもつ技術を模倣できるからである。このことは、とりわけ最初の工業国家には当てはまるであろう。

ＧＤＰデータの分析が示すのは、産業革命期を通じて労働者一人あたりのＧＤＰが成長していった

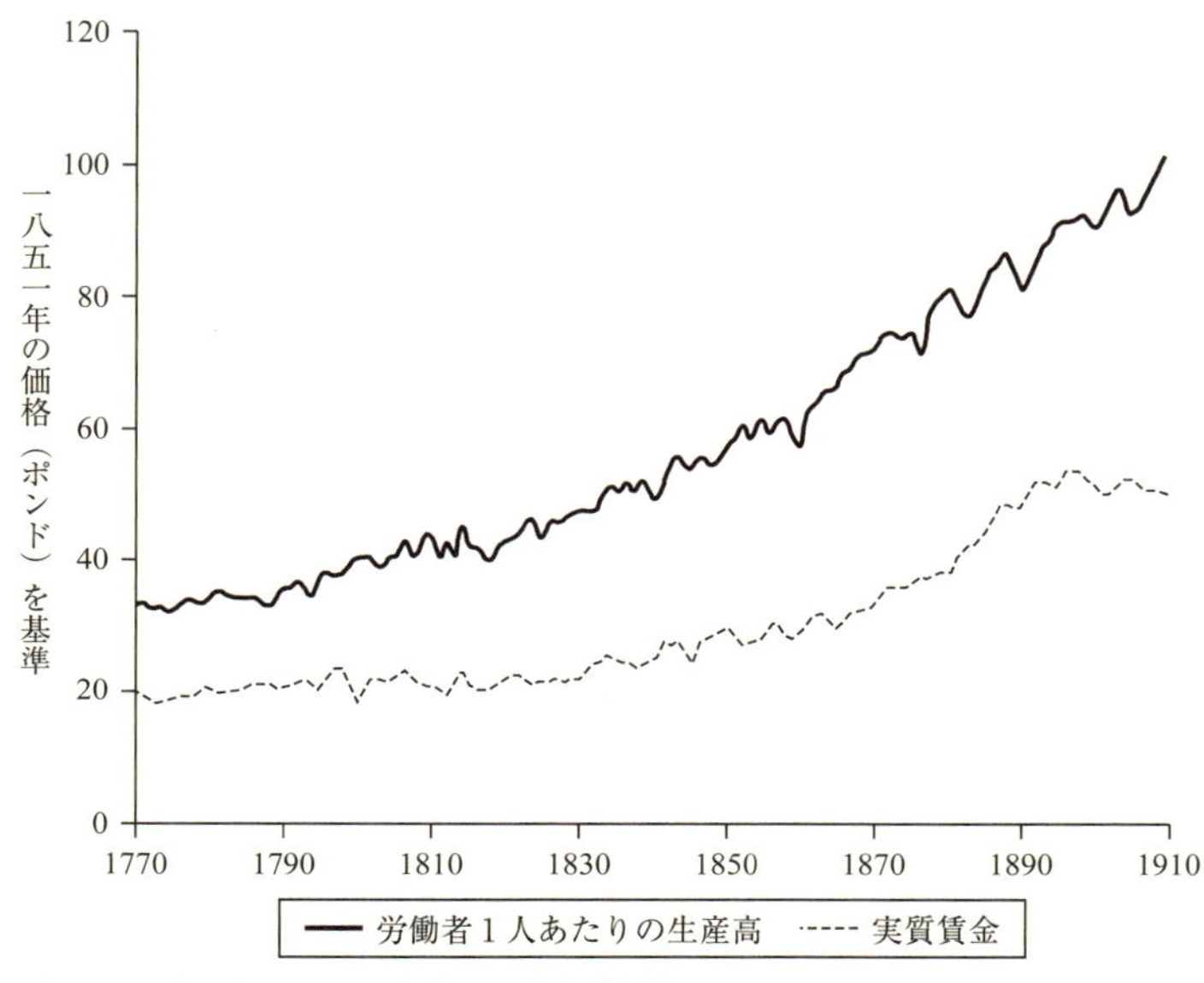

図２　１人あたりの国民総生産と平均実質賃金

のは、資本蓄積によるものだということにある。産業革命の開始時に比べて終結時には、イギリスの労働者は多くの機械を用いて労働していた。しかし、資本の蓄積は労働生産性の上昇に対してごくわずかな貢献しかしなかった。成長の最大の要因は技術の進歩にあった。つまり、一九世紀半ばに機械と生産組織が一世紀前に比べて効率的になっていたことにあった。

なぜそのようになったのであろうか。ひとつのアプローチは、生産性全体での成長を多様な産業や経済部門に区分することである。産業革命は、あらゆる部門での画一的な発展であるのか、少数の革命的な産業部門に結びつけられるものなのか。データが乏しい状況のもとでは、これは難しい問題である。しかし、発展は画一的なものではない。一七八〇年から一八六〇年にかけて、「革命化された」産業（主として繊維産業）は、生産性の増大の三一パーセントを説明してくれる。輸送の改善（運河と海洋船舶）は一八パーセントを説明する。（たぶん「産業」革命のひとつとすることには奇異に映るだろうが）農業は二九パーセントを説明する、わずか一五パーセントが経済のほかの部門での発展によって説明できる。多くの産業部門では、生産性の発展を実現できないままでいた。そこには、穀物、パン、ビール、海軍の艦船、石炭、木摺や羽目板のような木工品の製造が含まれていた。鉄鋼、靴、靴下、紙、硝子、釘、蒸気機関や水力機関の製造では、かなりの生産性の増加を達成した。

通常、ロウソクの製造は、産業革命に含まれるものではない。だが、実際には、革命的な変化を遂げていた。生産性はナポレオン戦争時までは安定的であったが、それから一世代のあいだに二倍となり、毎年二パーセントの成長を遂げていった。その成長率は綿業での生産性の増加を上回る速度であった。一八四〇年代の生産工程は、かつての手工業生産とはかなり異なるものとなっていた。ロウソク産業では、ロウソクが巨大な置き棚に装備された鋳型のなかで生産されており、それは単一の作業者によって統御されていた。溶かしたロウソクを製造する工程でさえ、高度に機械化されており、労働者は大量に生産することができた。生産の機械化が、綿業と同じようにロウソク製造業の生産性を上げていった。

勝者と敗者

産業革命は、一七七〇年から一八七〇年までにイギリスの一人あたりの所得を二倍にした。しかし、すべてのものが、この発展の恩恵を受けていたわけではない。労働者と中流階級や上流階級のあいだには、大きな格差が存在していた。この格差は図2に示されており、それは労働者一人あたりの平均実質賃金と実質生産高を描いたものである。産業革命の一世紀に実質生産高は二倍となったが、実質賃金は五〇パーセント増加したにすぎなかった。さらにいえば、実質賃金の上昇は産業革命の末期になってから発生した。一七七〇年から一八三〇年にかけては平均実質賃金の上昇を確認できなかったし、一八三〇年代になってようやく五パーセントの上昇を確認できたにすぎない。平均的な労働者が産業革命の恩恵にあずかるのは、一八四〇年代になってからのことだった。

さらにいえば、第4章においてこの問題を詳細に検討するが、平均実質賃金ははっきりとは認識できないものにとどまった。実質賃金の上昇を経験した労働者もいれば、とりわけ一八世紀の好景気の基礎となっていた手工業部門では、機械化された生産との競争に直面して所得の減少を経験したものもいた。繁栄には貧困がつきものだ。

産業革命を解釈する

なぜ産業革命は、フランスやオランダ、インドや中国ではなくて、イギリスで発生したのであろうか。背景にある要因〔背景因子〕が関与したことを強調する解釈が、長期にわたって数多くなされてきた。

ひとつの影響力をもった理論では、産業革命の原因を資本主義の勃興に求めた。カール・マルクスの解釈によれば、資本主義は心理的誘因が経済成長につながる唯一の経済システムだという。かつての経済システムにおいては、新たな所得を創出するというよりも、所得の再分配のほうが生活水準を改善するためのもっとも確実な方法であった。マルクスは、資本主義を多くの競争的企業を抱えるシステムとして認識していた。各企業体は生産性を上げねばならず、さもなければ、競合相手の企業によって淘汰されてしまうことになる。結果として、高率の資本蓄積と技術の変化がもたらされた。したがって、成長を解釈する秘訣とは、資本主義の勃興を説明することにあった。マルクスは、二つの経路が重要であると考えた。ひとつは、農村社会の再編成であり、封建領主や開放耕地制のもとで耕作する農奴は、土地なしの労働者と大規模な「資本主義的」農場に取って代えられた。このように農村社会は発展していったが、資本主義的農業は先行する小農経済に比べてもそれほど生産性が高いわけではなかった。他方で、「生産者を生産手段から分離していく歴史的過程」、すなわち小農から土地、道具、家畜などを奪い、したがって生き延びるために被雇用者とならねばならなかったことは、手作業での生産を手放して仕事のために都市へと流入する条件を拡大していった。

マルクスもイギリス経済の変化に対するグローバル化の重要性を強調したが、ほかの多くの思想家もこの解釈を支持してきた。一五世紀末のコロンブスとヴァスコ・ダ・ガマの航海以来、大陸間での海上交易が徐々に拡大して、長期的な入植や植民地化の過程が続いた。

ヨーロッパの海外への拡大は、覇権を求める国家によって成し遂げられた。各国は競合相手（現地の先住民も含む）を犠牲にしながら、帝国主義と貿易政策によって富を増大させた。諸国の目的は、諸外国を排除する「重商主義」政策を通じて、自国民のために植民地との交易をできるかぎり確保することにあった。関税が機能しない場合には、戦争が代案として受け入れられた。こうした世界においては、一国は攻撃的な帝国主義を通じてのみ成功を収めることができ、イングランドは帝国を推進することでヨーロッパでもっとも成長を遂げたことを証明した。

奴隷制は、グローバル経済の中心的な特徴となった。砂糖、タバコ、綿花が、カリブ海やアメリカ合衆国のプランテーションで奴隷を労働力として栽培された。そうした交易はかなりの量のものとなり、利益を上げるものとなった。一八〇〇年以降、アメリカ合衆国からイギリスによって輸入された綿花は、産業革命に不可欠な原料となった。奴隷制度は産業革命の基盤となるものであり、とりわけ奴隷制がもたらす利潤はイギリスにおける資本蓄積に貢献した、と多くのものは考えた。しかし、奴隷制からの利潤によって産業革命期に起こった投資の拡大を説明するのは、総体としてみれば十分なものではなく、因果関係が成立するかどうかは個別の事情によるものであった。

イングランドの法制度・政治制度は、アダム・スミスのような思想家によって産業革命を解釈するうえで中心的なものとして引き合いに出されてきた。一〇六六年のノルマンの征服以降、イングランドにはヨーロッパでもっとも中央集権化された封建制度が存在した。貴族は、議会においても戦場においてもかなりの権力をもち、たとえば、一二一五年には国王のジョンに命じて大憲章(マグナ・カルタ)を認めさせた。王権と議会とのあいだの抗争は、一七世紀には両者の内戦となり、一六四九年にはチャールズ一世の処刑、オリヴァー・クロムウェルの共和制、最終的には一六六〇年にチャールズ二世による王政復古となった。

一六八八年の名誉革命で議会の優位が最終的に確立され、ジェームズ二世は亡命して、議会はウィリアムとメアリーに王位を継承させた。この議会の勝利によって、王権による恣意的な権力の行使が抑制され、私有財産が確保され、課税が制限され、これらによって投資に向けた好ましい環境が生み出されたのである。産業革命は、それらの必然的な結果なのであった。

一八世紀には、イギリスは大規模な地主によって支配される議会をもち、議会は、道路改良、運河建設、農業改良に向けた法律を通過させていった。こうした新たな社会基盤(インフラストラクチャー)が、おそらく経済を後押ししていったのであろう。

しかし、課税水準は低水準ではなく高い水準にとどまり、租税収入は陸軍や海軍に予算を充当するために用いられた。それによって、イギリスは植民地帝国を確立していった。産業革命に貢献したのは帝国であり、一六八八年の熱狂的支持者が主張するような法制度を強化することによってではなかった。ひとつの理由は、一六八八年以前にイギリスはすでに機能的な法制度を保持していたからであり、それが一六世紀や一七世紀に発生した巨大な経済的拡大を支えたからである。

一部の社会科学者は、経済成長の原因は規律や勤勉を重視する合理的な文化の拡大にあると主張してきた。マックス・ヴェーバーは、この問題をプロテスタンティズムと宗教改革に結びつけている。多くのイングランド人は、ヴェーバーがプロテスタンティズムの倫理の典型と考えたカルヴァン主義のピューリタン派であった。スコットランドの長老派教会は、さらに公然としたカルヴァン主義であった。しかし、イングランドのピューリタニズムは、下層階級の急進派と民主派がピューリタンたちの要求の根拠を神の啓示によるものだと主張したので、内戦によって信頼を失っていった。上流階級は、一八世紀には宗教的立場を理神論へと変化させていった。この理神論は、神を引退した設計技師と考え、ニュートンの法則に沿って運動する宇宙に介入することはないとした。奇跡を起こしたり、民主主義的な原理を推進したりすることなどは、もってのほかであった。

もちろん一七世紀の科学革命は、理神論の第二の起源となる。科学的発見は、一八世紀の有名なところでは蒸気機関を例とする技術を支え、科学的手法を普及することで、より一般的な技術の発展を推進していった。それどころか、上流階級のあいだでは科学と技術への礼賛が沸き起こった。ジョージ三世は特別な科学の講話を受け、自分の実験のために豪華な道具を収集していた。多くの臣下が講義に参加して、実験がコーヒーハウスでおこなわれた。こうした活動が、技術の進歩に対するイギリス人の共感を呼び起こすことになった。
しかしながら、科学的世界観への関心が、社会的規模でどの程度まで拡大していたかどうかは不明である。たとえば、魔術信仰はあまねく存在していたし、一六八二年には首席裁判官ノースの兄が回想しているところでは、「哀れな老婆が魔女裁判にかけられるという事態は稀である」。

しかし、彼女のあとを追って、彼女を死刑に処するよう求める民衆の怒りが襲ってくる。だからもし判事が、……悪魔がみずから罪のない子どもたちを痛めつけ殺す力があること、あるいは悪魔は嬉々として善良な人のチーズ、バター、豚、ガチョウを食べて興ずること、および無知で愚かな烏合の衆の似たような誤りのことであるが、そうした不信心な世俗的意見に逆らう意向を表明するならば、

村人たちは「この判事には信心がない。なぜなら魔女を信じていないからだ」と叫ぶ。科学への熱意とは、迷信の沼に浮かぶ靄（もや）のようなものだったのかもしれない。

引き金となる事件

背景にある要因は、技術革新と事業への投資を支える制度、慣行、文化を維持していたが、それら

だけでは産業革命を説明するのに十分ではない。世界のほかの地域も同じ要因に恵まれていたが、そこでは産業革命は発生しなかったからだ。イギリスには産業革命が起こった特定の契機が存在していた。これらについては、第2章と第3章で説明する。

第2章　産業革命の前提条件、一五〇〇〜一七五〇年

ウィットニーは、オクスフォードの北西一五マイルに位置する小規模な市場町であった。そこは、産業革命が始まったイギリス北部とはかなり隔たった場所であったが、それにもかかわらず、多くの同じような変化を経験していた。全国的なパターンや国際的なパターンをみる前に、ウィットニーで起こったことを眺めてみよう。それは、前工業化時代と産業革命の時代の両方にまたがる論点の多くを例証するものとなっている。

ウィットニーの繊維産業は中世から発展していたが、それはコッツウォルズの木材、捺染と縮絨のためのウィンドラッシュ河の水資源、一五世紀に建設されたニューブリッジとアビンドンブリッジを経由したロンドンへの良質の道路を基盤としたものであった。一七世紀初頭までに、ウィットニーは

毛布生産に特化して、その製品で有名となった。その販路は国際的であり、最高級品の毛布はスペインやポルトガルに輸出された。製品はまずロンドンに運ばれて、海外に輸出されたのである。

低品質の毛布は北米に輸出された。一八世紀には、多くはハドソン湾特権会社が購入して、カナダに送られ、先住民のインディアンとビーヴァーの毛皮を交換した。一九世紀にいたるまで、ハドソン湾特権会社は、ウィットニーの毛布製品の主要な顧客であった。グローバル化は、オクスフォードの農村地帯へも浸透して、地域経済を変容させていった（図3を参照）。

一八世紀の織物経営は、工業化以前の時代の様式で編成されていた。そこでは、六〇人から八〇人の織元が存在していて、それぞれの経営で平均すると三つの織機を保有していた。あるものは独立自営で生産して、別な経営では、家族構成員、徒弟、賃金で雇用した職人を働かせていた。一七一二年には、ウィットニー毛布組合が特許状を与えられ、すべての織元は会員となることが求められた。一七二一年には取引場が建設され、毛布の品質管理やギルドの会合の場となった。織元は縮絨や捺染の作業を職人に下請けに出し、周辺の村落にいる女性に羊毛を供給して紡績をおこなわせた。これによって、一年に羊毛俵で七〇〇〇前後が生産された。

産業革命の時代には、技術が変化して労働の組織も変容した。一八〇〇年ごろには、力織機が導入された。飛び杼を備えたこの織機は、かつてのように二人の織布工を必要とせずに、一人で織ることができた。ジェニー紡績機が毛布のための粗毛に適応され、家内工業の紡ぎ手は職を失った。経営の側では、織元の数が一二分の一にまで落ち込んだ。一八三八年には、最大の雇用主はジョン・アーリ

図3　アーリー紋章の毛布

ーで、七〇人の織布工を雇用して、紡績機と縮絨機を所有していた。ウィットニーにも工場の時代が到来したのである。

そうした変化は、労働者には利益をもたらさなかった。有名な農業改良家で、あらゆる経済問題に対する評論家だったアーサー・ヤングは、機械化は「親方や織物に繁栄をもたらしたが、労働者が同じように繁栄したことを意味してはいない」と論評した。職人の雇用は半分にまで削減された。「機械の導入の影響は、……こうした王国全体にいきわたっていた繁栄の分け前のすべてを貧民から奪う、少なくとも少量の分け前を残すかたちで、賃金を削減する力を与えたのであった」。織布工は、名目的には産業革命の期間を通じて同額の賃金（週一一シリング）を稼いでいたが、一八三〇年の購買力は一七七〇年と比べて激減していた。というのも、消費者物価が五〇パーセントも上昇していたからである。農村部のほとんどが、影響を受けることになった。工場でおこなわれる紡績とは、女性が職を失うということを意味したからである。ウィリアム・コベットは次のように記している。

この土地［グロースターシャー・ウィッティントン］の衰退と窮状の一部、たぶんかなりの部分は、毛布製造業での機械の使用が原因となっている……ウィットニーは、その織物業の中心となっていた……そこから周辺部のコッツウォルズの村落に羊毛が送られて、紡績され、戻されてくる。……こうした仕事がすべて消滅してしまって、女性や少女は「過剰人口」となってしまうのであった。

雇用や実質賃金の停滞は、ウィットニーで織られる毛布が利益をもたらすものだったことを意味していた。毛布製造業は、その後二世紀にわたってこの都市〔ウィットニー〕の経済的な基盤であり続けた。技術革新は続き、一八五一年に紡績のための最初の蒸気機関が設置された。一八六一年に鉄道が開通すると、蒸気力は一般的なものとなっていった。一八五八年に毛布生産に力織機が導入されたが、それは綿業に導入されてから一世代あとのことであった。第二次世界大戦後の新技術への投資は相当な額だったが、毛布産業を維持するには十分ではなかった。ジョン・アーリーの工場も後継者が不在となり、ウィットニーで最後の毛布生産がおこなわれたのは二〇〇二年のことだった。一八世紀の織布工の住宅や毛布集会所は、現在ではウィットニー保護区域となり、居住を希望するものが殺到している。

北部ヨーロッパの台頭

一七世紀、一八世紀のウィットニーの毛布産業の発展は、より大きな趨勢を典型的に示すものであった。それは、製造業の中心地の地中海沿岸から北西ヨーロッパへの移動ということである。中世の終わりの一五〇〇年には、イタリアとスペインがもっとも都市化した国家であり、ヨーロッパの製造業の原動力であった。北部ヨーロッパの唯一比較可能な工業地帯は低地地方〔近代のベルギーとオランダ〕であった。そのほかのヨーロッパ大陸は、ほとんどが農村であり、農業を基盤としていた。そうした経済構造の差異はコラム1で示されているが、それは、人口を都市部、農業地帯、農村地帯の非農業的部門の三つに分類している。

一五〇〇年には、農業人口はイングランドやヨーロッパ大陸の大国の総人口の四分の三を構成していた。(同じような比率は、二〇世紀初頭のインドや中国などの発展途上国でみられた)。イタリアやスペイン、低地地方では、その割合はもっと低かった。低地地方では大規模な都市人口を抱えていたが、そのことはほとんどの製造業が都市で営まれていたので重要である。農村部の非農業人口は、一五〇〇年のすべてのヨーロッパ諸国では同じような人口の割合(一四〜一九パーセント)を占めており、それらは、領主館の奉公人、説教師、運搬夫、地元の需要を満たすための村落の熟練職人などから構成されていた。

産業革命が始まるまでに、ヨーロッパにおける手工業の中心地は北海沿岸に移動していた。イングランドの経済はもっとも変容を遂げていた。人口に占める農業従事者の割合は四五パーセントにまで低下していた。その一方で、都市人口の割合は二三パーセントにまで跳ね上がった。農村部の非農業人口は三二パーセントにまで上昇し、これはヨーロッパでは最高の割合であった。都市の成長は、製造業の拡大(たとえば、ロンドンの家具製造業や書籍出版業、バーミンガムの金属加工業など)に起因していたが、そのほとんどが商業や造船業などの拡大のためであった。製造業の成長は、農村部の非農業部門における成長のなかでもっとも顕著であった。一七世紀には、そのほかの産業部門と同様に、毛織物や亜麻布産業は農村部で拡大していた。ウィットニー・モデルが広まっていたのである。

コラム 1

グローバル化は工業化以前のヨーロッパを
どのように変えたのか？

居住地や職業に応じて 3 つのカテゴリーに分類することで，1500 年から 1750 年にかけてヨーロッパ諸国の経済状況が，どの程度に変容したのかがわかってくる。カテゴリーは，「都市」（5,000 人以上の定住地に住んでいる人びと），「農業」（都市の居住地の外部に住み，土地を耕作する人びと），そして「農村部の，非農業」（都市部の集落の外に住んでいる人びとや農業以外の仕事をしている人）などである。最後のカテゴリーの例としては，村の聖職者，修道士，家事使用人，荷馬車屋，鉱山労働者，紡績や織布などの職人などを含む。以下の表は，現代の境界線にしたがった，ヨーロッパの主要国でのこれらの区分を示している。毎年各国ごとに，その合計は 100 パーセントになる。もっとも変容した国のほとんどは，北西ヨーロッパの商業大国であった。

	1500			1750		
	都市人口	農村部非農業人口	農業人口	都市人口	農村部非農業人口	農業人口
大きな転換（%）						
イギリス	7	18	74	23	32	45
オランダ	30	14	56	36	22	42
ベルギー	28	14	58	22	27	51
中規模な進化（%）						
ドイツ	8	18	73	9	27	64
フランス	9	18	73	13	26	61
オーストリア=ハンガリー	5	19	76	78	32	61
ポーランド	6	19	75	4	36	60
小規模な変化（%）						
イタリア	22	16	62	22	19	59
スペイン	19	16	65	21	17	62

出典：Robert C. Allen, ‘Economic Structure and Agricultural Productivity in Europe, 1300–1800’, *European Review of Economic History*, 2000, Vol. 3, pp. 8–9.

商人が男女を問わず契約して、糸を紡ぎ、布を織り、家で靴下を編んだ。商人は原料を労働者に運び、完成品を回収し、紡績工や織布工にその仕事の対価を支払った。農村工業は地理的に集中していたが、その販路はヨーロッパ、それどころか世界規模で拡大した。イングランドは、「プロト工業」段階での革命で指導的な位置にあったのである。

オランダとベルギーも、イングランドに引けを取らなかった。それどころか、一七世紀末までもっとも変貌を遂げた経済とは言えないまでも、オランダ経済はもっとも近代的な経済であった。オランダはもっとも都市化されて、農業の占める割合はもっとも少なかった。近世経済の最大の問題は、いかにしてオランダに追いつくかにあった。イギリスは、産業革命でもってオランダに追いつこうとしたのだった。

ほかのヨーロッパ諸国は、程度の差こそあれ、変化していた。大陸の大国は農業労働力が減少し、それにともなって農村工業が拡大していった。しかし、都市は小規模のままであり、経済の領導部門ではなかった。

スペインとイタリアの経済は、もっとも変化が少なかった。統計にはいくぶん懐疑的だが、スペインの都市の占める割合が不変であることは、巨大なマドリードの成長と古い製造業都市の衰退を意味していた。それにもかかわらず、イタリアとスペインの都市は、ヨーロッパ経済で最先端の位置から最後尾へと没落していったのである。

グローバル経済での成功

なぜイングランドや低地地方の経済は、これほど急激に変容したのであろうか。第1章で指摘した「背景にある要因」が一因となったことは間違いない。だが、それでは十分ではなかった。それどころか、「背景因子」の多くは、おそらくは北西ヨーロッパの成長の結果であったと論じられるが、その因果関係ははっきりとしていない。背景にある要因が機能した場合に、因果関係から予測される結果がもたらされる。つまり、「投資環境」、労働力移動、経営者の態度を改善したり、人口の増加によって進歩が圧倒されてしまう可能性を希釈化したりすることで、誘因（インセンティブ）に対する経済の反応が強化される必要があったのである。経済的誘因そのものの発展を分析することで、なぜイギリスで産業革命が発生したのかについてのさらなる知見を手にすることができるだろう。

産業革命の引き金を引いた特異な誘因を生み出したのは、国際経済の発展とヨーロッパ諸政府の帝国主義的な軍事政策であった。中世においては、胡椒、シナモン、ナツメグなどの香料が、インドや東南アジアから中東を経由してヨーロッパへと輸出された。一五世紀には帆船の発明によって、ヨーロッパ人がアフリカを経由してアジアへと渡航することが可能となった。ヴァスコ・ダ・ガマは、一四九八年にインドへと到達した。彼の成功によってポルトガルは、アジアとブラジルで帝国を確立した。しかし、その成功は長くは続かなかった。アジアの植民地は、一六世紀にオランダによって奪取

図4　ボストン市の南東部の眺望（1730年ごろ）

されたからである。ヴァスコ・ダ・ガマの航海の前に、クリストファー・コロンブスがスペインのフェルディナンド国王とイザベル女王を説得して、大西洋を横断してアジアへといたる航路を発見するための冒険的事業への資金の提供をおこなわせた。一四九二年に、彼はバハマへと到達した。アメリカの「発見」（カナダのグランド・バンクスは、ヨーロッパの漁民が数世紀にもわたって頻繁に訪れていた）は、植民地の起源となった。スペインは最初の勝利者となったが、それはメキシコやペルーの征服が大量の銀をもたらしたからである。しかし、この財貨は、経済にとっては逆効果なものであることが判明した。なぜなら、銀によってインフレが進行し、スペインの農業と製造業は競争力を失ったからである。一七世紀までにイングランドやフランス、その他の大国は、カリブ海に植民地を獲得し、そこでの財産はアフリカの奴隷を労働力とした砂糖農園によって蓄積されたものであった。イングランド人はまた、北アメリカの東沿岸に一群の植民地を確立していった（図4を参照）。

ベンガルは、一七五七年にイギリス東インド会社によって征服された。オランダ人とフランス人もまた、インド、カリブ海、北アメリカに植民地を建設したが、イングランド人に敗れて植民地の多くが奪い取られた。イングランド人とフランス人は、「重商主義的」経済政策にしたがい関税と貿易統制を利用して、独自の植民地市場を確保した。帝国が拡大するにつれて、イングランドの工業製品のための市場も拡大した。このことが農村工業と都市の雇用の大規模な拡大へとつながった（コラム1を参照）。すでにみたように、ウィットニーはカナダに毛布を輸出することで発展していった。

連鎖的影響

グローバル経済でのイングランドの成功は、都市や農村工業の成長を超えたところで重要な影響をもたらした。その影響には、農業革命、石炭革命、高賃金経済、識字率の拡大が含まれている。

一七世紀、一八世紀初頭には、イングランドでは農業革命が存在したが、それは産業革命の前では決定的に重要であった。すなわち、単位面積あたりの穀物の生産増、乳牛の搾出量の増大、羊毛と羊肉の産出量の拡大などである。労働者一人あたりの生産も増大した。これは、農業人口の占める割合が縮小したことの裏の側面だった。一五〇〇年には、農業人口一人で、自分自身と非農業人口の三分の一人の人口を支えていた。一七五〇年には、農業人口一人で、自分自身と農村工業や都市人口の一・二五人分を支えるようになった。農業の生産力の増大が、都市や農業人口の拡大を可能としたのであった。

しかし、因果関係は逆の方向へと向かった。資本主義的農業の勃興は、生産の増大と農場での雇用の衰退につながり、それによって安価な労働力と食糧を都市に供給して都市の成長を促したと長らく考えられてきた。実際のところは、イギリス帝国の成長と重商主義政策によって因果関係が始まったのである。それによって植民地貿易から外国を排除し、イギリスとの貿易に特化させることになった。貿易の拡大は、都市と製造業の拡大につながった。ロンドンなどの都市が成長するにつれて、食糧や労働力に対する需要が高まった。農業経営者は生産を拡大することで対応していった。労働者が農村部から吸収されるにしたがって、農場の規模が拡大し、土地は牧草地に転換された。農場はより少数の労働者で経営できるようになった。農業は、帝国の成長によって革命化されたのであった。

石炭革命もまた、ロンドンの成長の直接的な結果であった。中世の末期には、少量の石炭が、主要なイギリスやヨーロッパの炭田の露出部分からかき集められた。しかし、生産が増大しなかったのは、木材が相対的に安価だったからである。一五〇〇年にロンドンの人口が五万人だったときには、薪や木炭は首都に近接したところに確保され、輸送費はさほど高くないものであった。続く二世紀にロンドンの人口が爆発的に増大すると、燃料に対する需要が高まり、より高い費用で遠距離を輸送されて供給された。一六世紀にロンドンの木炭の価格は高騰し、石炭価格も吊り上げられていった。

木材が高騰するにつれて、消費者はその代替物として石炭を利用するように動機づけられた。しかし、その転換は、容易ではなかった。というのも、木材は環境汚染を引き起こさない燃料だったからである。石炭は硫黄を含有しており、いくえもの工程で取り除かなければならなかった。硫黄はまた、石炭をその主な用途たる家庭の暖房や調理には不適切なものとしていった。石炭への転換は、燃焼するための新たな技術の開発を必要とした。家庭用の暖房の場合には、まったく新たな家屋が設計されなければならなかった。中世の家屋では、主室の中心に火を燃やす暖炉があった。煙が屋根の垂木に漂流し、屋根にある通気口を通じて家屋から放出された。石炭が木材の代わりに使用されると、不完全燃焼を起こした場合には、家屋には有毒な臭気が充満することになる。実際のところ、石炭を開放された空間で燃やすことは困難だった。燃焼を良質なものにするためには、石炭は確固とした排気口のある空間で燃焼させる必要があった。

解決法は集合住宅であり、衝立の壁のなかに建造された煙突を通じて排気をおこなうことだった。そうしたシステムの設計や特徴を考え出すためには、新築家屋でのかなりの実験を必要とした。つまり、どうやって二階の出口を通じてではなく、一階から煙突を通して煙を排出するかということである。この実験は、一六世紀から一七世紀にロンドンが成長するにつれて、ロンドンにおける大規模な住宅建設によって促進された。

一七世紀のロンドンでは、木材と石炭の双方が販売されていたが、薪や木炭と比較した場合、石炭の価格はエネルギー単位あたり約半分の費用を要したにすぎない。一六世紀にロンドンが拡大するにつれ、木材燃料の価格は上昇した。一五八〇年代までには木材燃料の価格が上昇して高値になったことで、石炭はノーサンバーランドで採掘してロンドンに輸送する費用を負担しても、ロンドンで販売して十分に利益を上げられるほどになった。石炭業が軌道に乗ったのはそのときである。

ひとたび石炭産業が確立すると、イギリス北部は一八世紀初頭の世界でもっとも安価なエネルギーへのアクセスを確保した。石炭は、ロンドンでは熱エネルギーの単位である百万英熱量単位（MBTU）あたり一一ペンスで販売されていた。泥炭のエネルギー価格は、イギリスの石炭が販売されていたアムステルダムと同じ価格であった。ほかの場所では、エネルギーはもっと高価であった。パリでは一九ペンス、北京では二〇ペンスの価格だった。他方で、ニューカッスルなどの北部都市では、百万英熱量あたりわずか一・五ペンスだった。産業革命が発生したのはそうした諸都市であり、ロンドンではなかった。産業革命が始まると、石炭の鉱山は鉄鉱石の鉱床の近接地帯に設置され、資源の結合が近代的な製鉄業の誕生へとつながった。蒸気機関は石炭鉱山の排水設備として発展した。最初の鉄道は炭鉱に建設され、石炭を運搬した。イギリスの石炭資源の初期開発は、技術発展にとって不可欠な道筋の基礎を提供したのである。

賃金と生活水準

都市、製造業、商業の成長はまた、イギリスの労働市場に深甚なる影響を与えた。図5は、中世から一八世紀にいたるイングランドの実質賃金と人口動態を描いたものである。

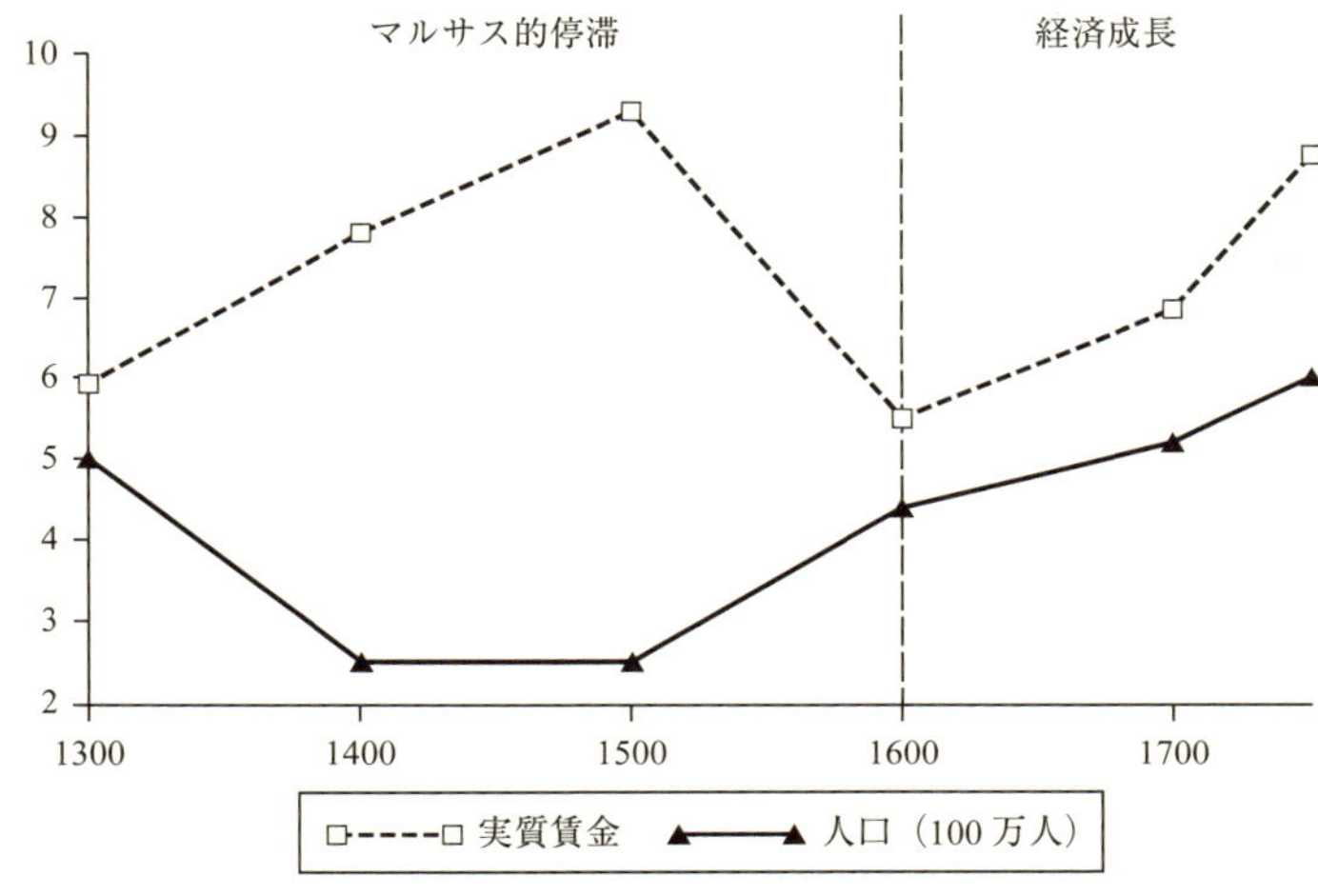

図5　人口と実質賃金，1300–1750年

それは、明確に二つの時代に区分される。一三〇〇年から一六〇〇年にいたる第一の局面では、経済は農業を中心としたものであった。この時期は、マルサス的な停滞によって特徴づけられる。一三四八から四九年にかけての黒死病のために人口が急減したが、人口が減少すると、労働力が希少化したために実質賃金が上昇した。一五〇〇年から一六〇〇年にかけてみられたように、その反動で人口が増大すると、低い生産性のもとで雇用される労働力が過剰となったため、実質賃金が下落した。生存線ギリギリのところで循環運動をするだけで、経済成長は存在していなかった。このパターンは、工業化以前の時代の経済に特徴的なことであった。

しかし、一六〇〇年以降には、このパターンが瓦解する。この時期が、まさに決定的なものとなった。一六〇〇年から一七五〇年にかけて、イギリスの人口は安定的に増加して、実質賃金も上昇していった。

コラム2

生活水準はどのように測定すればよいのか？

私たちは，家族の年収を，収入に応じた消費水準で家族を維持するための費用で割ったものとして生活水準を測定している。年間所得の情報は，社会統計（コラム5とコラム6を参照）から得たものか，または250日働いたと仮定した日給額から計算された1年あたりの推定値となっている。生活水準を明らかにする家計は，規格化されていった。ここでは「恥ずかしくないバスケット」と「必要最低限の生活のバスケット」が示されている。

「恥ずかしくないバスケット」は，18世紀イングランド南部の高い地位にある労働者の消費パターンを描いている。「最低限の生活必需品バスケット」は，生きていくために必要最低限の質素な生活水準を明らかにしている。もっとも安い利用可能な穀物が計算に使用されている（たとえば，イギリスのオートミールとイタリア北部のトウモロコシ）が，「最低限の生活ができるバスケット」は，地球規模の生活水準を比較するために使用することができる。どちらのバスケットでも，カロリー水準は1日あたり2,100カロリーに設定されており，その結果を確実にするために穀物量は調整されている。

次ページの表は，1人あたりの年間消費量を示している。通常，4人家族はこうしたバスケットの4個分を消費したと想定される。そうしたバスケットの費用は，家族の年間生活費を計算する際には家賃も考慮して5%増加する。本書でバスケットの費用に言及するとき，私たちは表内の食物の価格に家賃費用を加えた金額を意味している。

家族の年間収入と家賃費用を含む4人分のバスケット費用に対する比率が，生活水準を測定する私たちの基準となる。それは，家族が1年で消費できるバスケットの数を示している。実際には，高い所得がある場合，収入が増えれば，彼らはバスケット内の基礎的な食品にお金をすべて使うのではなく，消費パターンの質を高める。

	バスケット	
	恥ずかしくない食事： 1人あたりの年間消費量	最低限の食事： 1人あたりの年間消費量
オートミール／粉		170キログラム
パン	182キログラム	
豆	34キログラム	20キログラム
肉	26キログラム	5キログラム
バター／油	5.2キログラム	3キログラム
チーズ	5.2キログラム	
卵	5.2キログラム	
ビール	182リットル	
石鹸	2.6キログラム	1.3キログラム
リネン／綿布	5メートル	3メートル
ロウソク	2.6キログラム	1.3キログラム
ランプ油	2.6リットル	1.3リットル
燃料	5.0百万英熱量	2.0百万英熱量

その時代に労働力の供給が増えると、労働力需要が人口増大よりも速く進行したときにのみ、賃金は上昇しえた。労働力需要は、都市や製造業の成長によって拡大していった。そのことが翻って、イギリスの商業帝国の拡大をもたらした。イギリスの工業化以前の時代の経済成長は、イギリスの実質賃金の上昇へとつながっていった。

一六〇〇年以降に、イギリスの生活水準は世界のそれを牽引しはじめる。私たちは、生活費用に対する年間の労働賃金を比較することで、この発展をたどることができ、年度ごとの消費財の費用を測定することができる。コラム2では、二つの例が示されている。

二つのバスケット〔異なる商品の集合体、組み合わせ〕のなかでは、平均的な人間（男女子どもを平均化している）のカロリー消費は、一日あたり二一〇〇である。必要最低限のバスケットは、非常に貧しい人びとに典型的である。ほとんどの支出は、イギリスの場合はオートミールであるが、もっとも廉価な穀物に支出された。それがカロリーのほとんどを供給することになった。食事には少量の肉も含まれていたが、アルコールはなかった。食費外の支出は低い水準にとどまった。小麦粉や米などを基本食として利用する、このようなバスケットは、世界銀行の有名な一日一ドルの貧困線とほぼ同じ支出である。

他方で、「恥ずかしくないバスケット」は、南部イングランドの労働者が憧れたものであった。白パンがオートミールに取って代わり、肉とビールも含まれていた。「恥ずかしくないバスケット」は、少なくとも必要最低限のバスケットの二倍の費用を要した。

一人の労働者が、そうした家族を養うに足る食糧を購入することができたのだろうか。その問題に対する解答は、完全雇用で、一年中雇用される一人の労働者の収入を、父と母と二人の子どもから構成される家族という想定のもとで、四つのバスケットの年間の費用で割ってみる。この「必要最低限の割合」が、実質賃金を測定する方法となる。基準となる価格は、必要最低限の生活で家族を養うことができるものを示す。より高い価格は富裕な状態を示すもので、その一方で、基準価格以下の数値は危機を示すものとなる。

一七七〇年には、一人のウィットニーの織布工は、必要最低限のバスケットの三倍の食糧を購入するのに十分な賃金を稼いでいた。それどころか、恥ずかしくない水準にまで生活水準を上げるのに十分な賃金を獲得していた。もし妻が糸紡ぎの仕事を片手間にしていたとすれば、食費にかかるほぼ半分の費用を稼いでいたことになる。(一八二〇年代までに、この状況はすっかり変化した。というのも、妻は糸紡ぎの仕事を失い、夫の収入の額が急減したからだった。依然として家族は必要最低限の

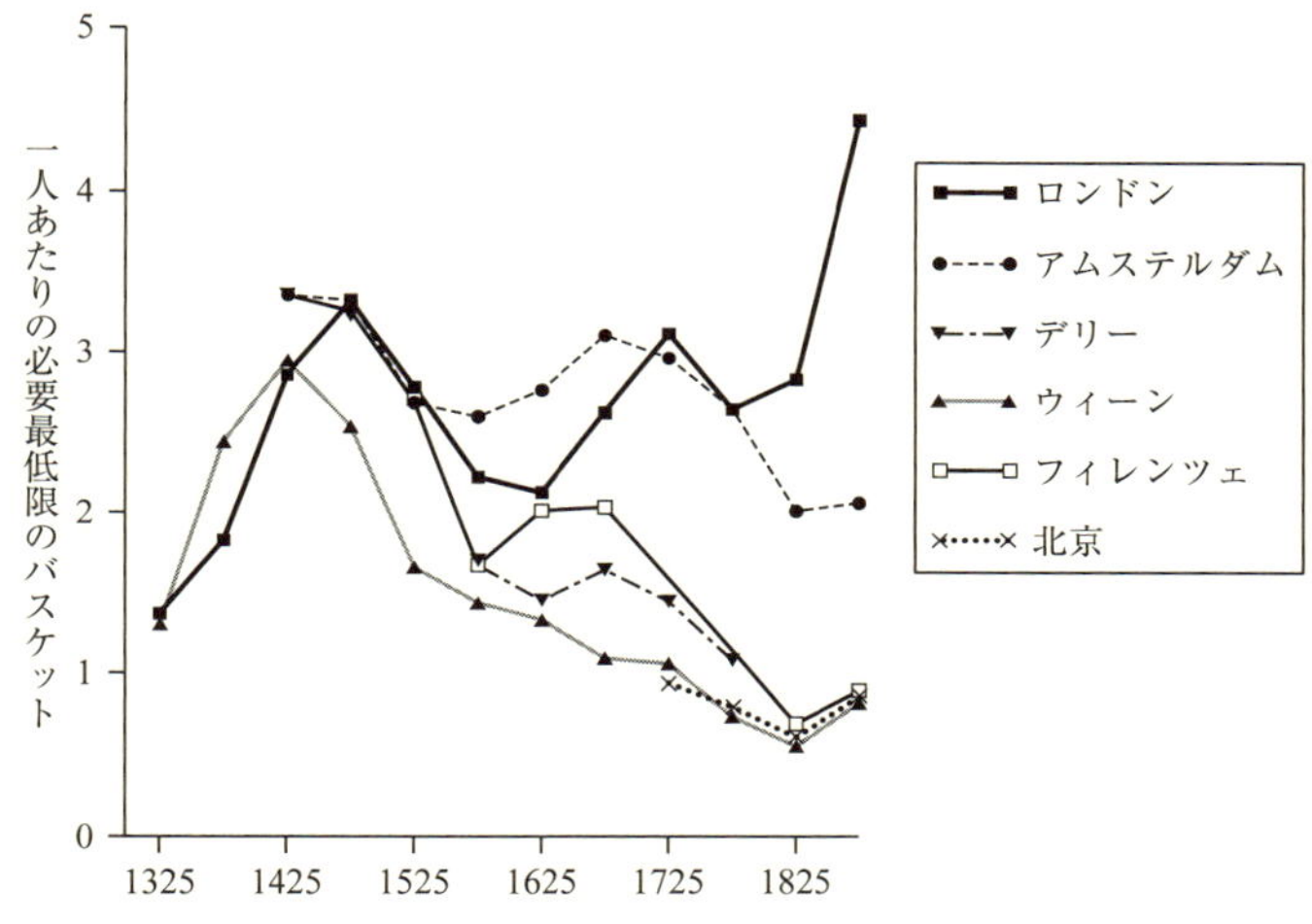

図6　世界の生存費に比例した賃金

バスケットを購入できたが、「恥ずかしくない食事」は彼らの手の届かないところにいってしまった。）

図6は、中世から産業革命期にかけてのヨーロッパとアジアの主要な都市の、一人の労働者の実質賃金を比較したものである。

実質賃金は、ヨーロッパでは黒死病のあとは似通ったものとなるが、その後に大いなる分岐が生じた。ロンドンとアムステルダムの賃金は高止まり状態にあった。そうした都市の労働者は、家族にとって必要最低限のバスケットの数倍を購入した（しかしながら、典型的には肉やビールなどを含む食事に対する支出を増やした）。これと対照的に、フィレンツェやウィーンでの実質賃金は下落していた。

一八世紀になるころには、そうした都市での労働者は、必要最低限のバスケット一個分の食費を賄うのがやっとであった。北京やデリーの労働者は、同じようにわずかな賃金を得ていた。そうした都市のあいだでの差異は、国際貿易が原因となる。ロンドンやアムステルダムは、好況に沸く港湾都市であり、賃金は非常に高かった。その人口は、農村部からの移動民を吸収して急速に増加していた。高賃金を維持するのに充分なほどの労働に対する需要が、急激に増大していた。これに対して、そのほかのヨーロッパやアジアの都市では、労働力への需要が停滞状態にあり、人口の増加が必要最低限のレベルにまで賃金を引き下げていった。イギリスの高賃金経済は、産業革命初期の生活の諸側面を推し測る指標となっている。ひとつは消費である。完全雇用のイギリス労働者は必要最低限のレベルの数倍の稼ぎを得ていた。彼らは、コラム2で示されたように、オートミールを数倍購入して対応したわけではない。それに対して、恥ずかしくない水準のバスケットにまで消費水準を上げたのである。くわえて、イギリスの労働者は工業製品、たとえば、食器、絵画、衣服などを購入した。一八世紀には消費革命が生じたのであり、イギリスの労働者はその中核的部分を構成していた。

健康と識字

福祉や健康は、単なる消費以上のものに依拠していた。国連の人間開発指標では、よりバランスの取れた見解に到達するために、所得、健康、教育・識字などを組み合わせている。同じように、工業化以前の時代にも比較を拡大することができる。

健康についての最良の指標は成人の身長である。一七世紀以来、男性の平均身長は、多くのヨーロッパ諸国での一六〇センチからアメリカ合衆国やイギリスでの一八〇センチ、オランダでの一八四センチにまで伸びてきた。身長の伸びは、成長期にある児童の「基本的な栄養状態」の改善に原因を求められる。基本的な栄養状態は、児童の食物摂取に等しいものとされる。それは、労働に必要な栄養価、あるいは病気と格闘して回復するための栄養価はいうまでもなく、子どもの発達に資することになるからである。一八世紀末には、イギリスはこの上昇に向けての発展を牽引していた。

徴兵記録によれば、イギリス人男性は平均身長が一七二センチにまで達していた。これに対して、イタリア人の平均身長は一六七センチから一六二センチに低下していたが、それは実質所得が下落して、食事の小麦の粉がトウモロコシに代替されたためであった。

高賃金はまた、労働者の技能や知識の増大によって、経済成長に貢献することになった。過去の通学記録を継続的かつ包括的に測定することは困難である。だが、文書に記号を付けるだけではなく署名できる人の割合を研究することで、識字率を測定することにした。コラム3は、この指標の結果を要約したものとなる。

一五〇〇年には、ヨーロッパでの識字率は低い水準にあった。都市においてのみ、民衆の多くは名前を書くことができた。一八〇〇年までには、識字率は各地で上昇していた。この増加は、北西ヨーロッパで最大となっていた。オランダ人の約三分の二、イングランドと現在のベルギーにあたる人びとの半分は名前を書くことができた。そうした地域はまた、年齢を正確に言明する数量的思考能力の点においても一歩先んじていた。この能力に関しては、たぶん二つの理由があると思われる。第一に、

コラム3

ヨーロッパ人は，どの程度の教育を受けていたか？

工業化以前のヨーロッパの学校教育に関する包括的な統計は存在しない。しかし，文書に記号を付けるのではなく，自分の名前を署名できた人数を数えることによって，教育の達成度に関する何らかの情報を収集できる。農村部よりも都市部のほうが署名できる人の数は多かっただろう。中世の終わりころ，識字率は非常に低水準であったが，1800年までに大幅に増大した。産業革命のころまでは，男子は数年間，村落の学校で教育を受け，その後に徒弟として職能技術を学ぶといった経験をするのが一般的であった。

女子の多くも，ある程度の学校教育を受けたが，女性よりも男性のほうが識字率は高かった。以下の平均値には，男女両方が含まれている。

署名できる成人の割合

	1500	1800
イングランド	6	53
オランダ	10	68
ベルギー	10	49
ドイツ	6	35
フランス	7	37
オーストリア＝ハンガリー	6	21
ポーランド	6	21
イタリア	9	22
スペイン	9	20

出典：Robert C. Allen, *The British Industrial Revolution in Global Perspective*, 2009, p. 53.

イングランドと低地地方は都市化しており、経済は商業に基礎を置いていた。(農場とは異なる)そうした環境のもとでは、読み書きができることに対しては、報酬が支払われた。したがって、そうした諸国では教育に対する需要が存在した。第二に、教育は、国家によって無償で提供されているわけではなく、個人的に獲得されなければならなかった。北西ヨーロッパでは賃金が高く、子どもを教育する経済的資産をもっていたのである。

第3章　なぜ産業革命はイギリスから始まったのか？

産業革命は、ヴァスコ・ダ・ガマとクリストファー・コロンブスの航海によって始められた最初のグローバル化の挑戦への、イギリスの画期的な反応だった。

これには、いくつかの前後の文脈がある。第一に、世界貿易の拡大が、中国の陶磁器やインドの木綿製品などの新たな物産をイギリスにもたらした。それらに対する需要は高く、イギリスの企業はそれらを模倣しようと試みた。第二に、交易と帝国の拡大がイギリス製品に新たな市場をもたらした。その後の生産と交易の拡大が、通常は高賃金と安価なエネルギーを生み出した。そうした環境のもとでどのように競争するのかは最優先の技術的な課題であり、イギリスの産業はそれに独創的に対処してきたのである。第三に、商業の拡大と賃金の上昇は、労働者の健康と体格を改善し、教育と技能への見返りを高めることによって、外国との競争という課題に直面するなかで、イギリス産業を後押しした。結果として生じたのは、製造業部門を支える識字率、計算力、職能技術の向上であった。

産業革命はまた、グローバル化とはほとんど関係のない別の原因からも推進力を引き出していた。すなわち、一七世紀の科学革命である。科学革命は、とりわけ空気圧と真空状態の発見などの新規の知識と新たな態度や実践に貢献することになった。人びとは万物を研究するようになった。そこには、「科学的」な意味での技術が含まれていた。そして発明の領域では、そうしたアプローチへの報酬がもたらされた。飛躍的な前進は「マクロ発明家」によってもたらされた。彼らは型にはまらないかたちで思考して、まったく新規の技術を想像していった。マクロ発明家は、指導的な科学者であるか、彼らの弟子、仲間、友人として影響を受けた人物かであった。多くのものは、ネットワークを通じて科学的な指導者たちと結びついており、そのネットワークは啓蒙の知識や態度を社会に広範に流布させて、イギリス社会を技術の面でより創造力に満ちたものにしていった。一六六〇年に設立された王立協会は、このネットワークの頂点に位置するものであった。このネットワークには、バーミンガムの月光協会のような地方の団体や、あまたのコーヒーハウスや同じような会合の場所が含まれており、そこでは科学的実験が実演されていた。そうしたコミュニケーションの回路は、技術は観察と推論によって発展させられるという広くいきわたった考え方と同様に、「産業的啓蒙」と呼ばれている。もちろん、そうしたネットワークの形成や科学的態度の採用は、発明のもたらす利潤の増大に対する応答であった。しかし、産業的啓蒙によって産業革命を捉えるものは、経済学ではなく啓蒙一般や科学革命に起源をもつ文化的発展としてみている。

綿　業

綿業は、アジア物産がイギリス経済に革命的な影響をもたらしたことを示す主要な事例となっている。一七世紀に東インド会社がインド・キャリコとモスリンをイングランドへ輸入しはじめると、その織物は非常に人気を博し、国内で模倣して生産しようとする試みがなされるようになった。一八世紀初頭には、インドとの競争からイングランドの毛織物産業を保護するために、複雑で切れ目なく変化する輸入規制が導入された。そうした規制は、保護されたかたちで潜在的需要に対応する市場を創出するという意図せざる結果をもたらし、そこではイングランドの手工業的な綿業が稼動しはじめることになった。その綿布は、アフリカに輸出されて奴隷と交換され、インドのキャリコと競合する関係になった。しかしイングランドの綿布生産は、機械が導入されるまでは小規模なものにとどまった。

機械化の過程は一七六〇年代に紡績と捺染で始まり、一八四〇年代に力織機が手織工を産業部門から駆逐することで完了した。一八五〇年までには、綿業は製造業の労働力人口の六分の一を雇用し、国民総生産（ＧＤＰ）の八パーセントの割合を占めていた。エリック・ホブズボームが「産業革命について語るものは誰でも綿織物について語る」と述べたとき、重要な真実を捉えていた。

産業的啓蒙は製陶業や蒸気機関の発展のなかに存在していたが、それは綿業にとっては周辺的なものであった。というのも、綿業での発明家は主として啓蒙との人的関係を欠いた職人たちであったからだ。サミュエル・クロンプトン（一七五三〜一八二七年）はミュール紡績機の発明家であるが、織布工を兼ねた農民の息子だった。彼は若いころに紡績と織布を習得していた。彼は学校に通っていたが、数学で抜きん出ていた。これは織物業における発明家では典型的であり、普通教育の重要性を証明するものであった。一六歳のころから一〇年間、彼は密かに紡績機械を改良するための仕事に取り組んでいた。織物業を別とすれば、彼の活動の中心は、啓蒙団体ではなくスウェーデンボルグ会派のニューイェルサレム教会にあった。

機械化は綿業での成功の秘訣であった。機械は、高賃金経済に対する応答としてイギリスで発展し、数十年にわたってイギリスの競争力にとって有利に働いた。綿業の主要三部門、つまり紡績、織布、仕上げ部門は、すべてが機械化されていた。

インドからのキャリコの輸入によって木綿に対する市場が存在することが証明されると、手作業での紡績が開始された。商人が原料となる綿を女性たちに運び、女性たちは賃金と引き換えに農家の紡車で紡績をおこなった（図7を参照）。

一ポンドの木綿を紡ぐ労働時間は、紡ぎ糸の繊度（細さ）にしたがって増大していった。イギリスの賃金はインドのそれよりもずっと高く、その結果として、イギリスがインドと競争することができたのは太糸だけだった。太糸は、最小限の労働しか必要としないものだったからである。繊細な紡ぎ糸を生産するためには、イギリス企業は労働費用を節約する必要があり、それは機械の発明によって

図7　手織工と紡ぎ手の住むアイルランドの小屋

のみ可能となった。

多くのイギリス人は、紡績機を発明することで利潤を上げる機会に応答した。ジョン・ワイヤットとルイス・ポールは、一七四〇年代と一七五〇年代に回転式の紡績機の開発にほとんど成功していたが、彼らのバーミンガムの工場は最終的に破産してしまった。ジェームズ・ハーグリーヴスは、一七六〇年代半ばにジェニー紡績機を完成させ、それが最初の成功した機械であった。彼は、手紡ぎ車が横転したあとにも回転するのを見て着想を得た。その後、彼は紡ぎ手の指を模倣した木製のクランプ〔かすがい〕を使用して糸を引っ張り、共通の水平滑車からシリンダー〔垂直の芯棒〕の列を動かすことを考案した。一七六七年にリチャード・アークライトは精密時計工のジョン・ケイを雇って、ローラー〔円筒状の回転軸〕を利用する機械を製作しようとしたが、完成には五年の歳月を要することになった。ハーグリーヴスとアークライトは、木綿紡績のための梳綿機を発明した。アークライトは、クロムフォードに工場を建設して、そこに梳綿機を装備した（図8を参照）。

アークライトは、二番目の工場を建設した際には空間的配置を改良し、それはヨーロッパやアメリカ合衆国の木綿工場の原型となっていった。一〇年後には、クロンプトンは、ハーグリーヴスとアークライトの設計の諸要素を結びつけてミュール紡績機を作り出し、それは一九世紀イギリスの主要な紡績機となった。もちろん、いちど運用が開始されると、紡績機械は「試行錯誤」を通じて改良が重ねられ、つまり技術者が作業状態を観察して完成させられた。ハーグリーヴスとアークライトの機械は、イギリスを世界の太糸の低コスト生産国としていった。ミュール紡績機は、イギリスを細糸の低

図8　工場紡績

コスト生産国としていった。

論争されてきた問題は、そうした発明がフランスやインドではなくイングランドでなされたということにある。経済学的な説明は、賃金と機械の価格に関心を集中している。最初の紡績機械は、労働を節約する高価な手段であり、うまくいくものではなかった。一八世紀後半には、紡績工の賃金は、フランスやインドの設備価格との関連ではイギリスのものに比べてかなり安価なものであった。初期の紡績機械は、イギリスで使用する場合は利益をもたらすものとなった。というのも、節約した労働の価値は、機械の費用に比べて高価なものであったからだ。フランスやインドでは、それらは使用する価値のないものだった。というのも、節約した労働の価値は設備費用に比べてかなり小さいものだったからである。初期の紡績機械はイギリスで使用すれば利益をもたらしたが、諸外国ではそうはならなかった。それゆえに、産業革命はイギリスで発生したのである。

歴史は、織布工程でも繰り返されることになった。一七八〇年代には何百もの紡績工場が建設され、綿糸の価格は急激に下落した。織布産業が拡大して、すべての紡績糸を扱うことになった。しかし、織布工程は伝統的な手織りの織機を用いる農村工業の状態にあった。雇用が爆発的に増加して、一九世紀の初頭には二五万人までになった（成人男性の労働力の一〇パーセント）。労働市場が逼迫すると、手織工の賃金も飛躍的に上昇し、一七九〇年代と一九世紀の最初の数十年間は「手織工の黄金時代」と呼ばれるようになった。聖職者のエドモンド・カートライトは、土地貴族の家系で啓蒙との関係をもつ唯一の綿業の発明家であり、オクスフォード大学のマグダレン学寮に入学し、王立技芸協会と農業委員会の会員であったが、織布機械を容易に設計できると考えていた。カートライトは機械人形、つまり人間の動作を模倣した時計仕掛けの人形に影響を受けた。機械仕掛けの女性がハープを演奏することができるのなら、キャリコを織ることもできると考えたのである。その動作は限りなく複雑であることが判明した。カートライトは、何十年にもわたってその仕事に取り組み、家族の資産を使い切ってしまい、ほかの発明家たちがその挑戦を引き継いだ。力織機が改良されて手織工を脅かすほどになったのは、一八二〇年代になってからのことだった。

紡績と織布の双方の工程において、農村工業による生産は自己破壊への萌芽を含んでいた。費用と需要が好ましい状況にあったときには、農村工業は雇用と生産の増大をともなった。雇用が利用可能な労働力の限界にまで近づくと、必要な技術をもつ人びとの収入は上昇して、そうした高賃金経済が発明家の格好の標的となった。高賃金が意味するものは、相対的に貧弱な設計をもつ機械でさえも利潤を生み出せることにあったからである。

織布工程は、織物産業の最終工程ではなかった。仕上げ工程が必要だったのである。一八世紀のインド・キャリコに対する熱狂は、衣装を飾る輝かしい光沢をもつ意匠（デザイン）に原因があった。イギリス人は、別な方法で意匠を模倣した。通常インドの衣料は手染めであったが、イギリス人はより資本集約的なアプローチを用いた。そうした模様はもともと木枠から捺染されたものだったが、その結果として「一人の才気ある意匠作家（デザイナー）の図面が、多くの非熟練労働者によって再生産されることになった。その一方で、インド人が意匠と製造の両面で独自の役割を果たすことができた」のである。一七六〇年代までには、銅版刷りが木版刷りに取って代わったが、木版刷りは大陸では依然として一般的であった。

円柱のシリンダーから捺染することによって、この過程を連続的なものにする試みが数多くなされた。一七八三年には、トマス・ベルの設計によって商業的な成功がもたらされた。

綿業の全部門における発明の過程は、すべてが一八世紀においてイギリスの労働者が手にしていた高賃金経済に対する応答であった。可能な箇所においては、インド人が採用していたものよりも、イギリス人はより資本集約的な方法を選択した。イギリスで労働費用の節約が資本費用の増大よりも重視されたのは、賃金が高かったためである。こうした条件は、ほかの低賃金の国には当てはまらない。その結果として、同じ利点を競合相手にもたらすことなく、機械の技術は生産費用を削減した。要するに、一九世紀までにイギリスは世界でもっとも競争力をもつ綿業国となった。

世界の織物産業生産のなかでのイギリスの占有率は、一七五〇年の無視できる割合から一八八〇年には三〇パーセントにまで上昇した。この拡大のほとんどは、アフリカ、中東、インドでの生産を犠牲にしたものであった。

工場の発明

織物機械の発明が工場に設置され、綿工場は一七八〇年代のイギリスでもっともよくみられる類型の工場となった。工場は新しい時代の指標となった。工場は、独立自営の職人が分散した農村で働くのではなく、多くの賃金労働者が単一の場所で労働することを意味していたからだった。機械を稼働させるための集中動力源は、生産が集中する理由のひとつとなっている。しかし、それは唯一の理由ではなかった。分業体系、技術習熟度、監視体制、品質管理など、ほかにも考慮すべき事柄があった。綿業の成長は工場を大きく押し上げて、工場での生産様式はほかの多くの産業でも採用されていった。したがって、さらにこの点を検討する必要があろう。

帽子の製造は地味な産業であるにもかかわらず、高率の生産力の増大を達成した。これは工場生産によってもたらされたものである。

一八四〇年代初頭のバーモンジーのクリスティ帽子工場は、格好の事例となる。その工場は一五〇

○人を雇用して、世界最大級の帽子製造工場であった。この施設は、二つの点で「大規模工場の経済運営のあり方を明瞭に示す」ものとなる。第一に、効率的な組織化、すなわち「一つの施設内に多くの部門を集中したこと、分業体制、各部門に分権化された権限の現場監督による行使、経営者による全体の総合的な監視」などである。高度の生産性の第二の原因は、機械の使用にある。その工場は一○馬力の蒸気機関をもち、シャフトとベルトのシステムを媒介として、敷地内に配置された機械を稼働する。あるものは機械化されたり、手作業でおこなわれたり、労働者の技術に依存していた。

羊毛が工場に搬入されると、手作業で洗浄されていたようだ。しかし、大規模なスクリュープレスで羊毛から水が絞り取られると、羊毛は乾燥させられて、織物産業で用いられる機械で毛羽立てされ、同じように毛皮が洗浄され、大きな毛が取り除かれた。これは手作業であった。

椅子に座った何人かの女性が、毛皮から出る粗い外側の毛の引き抜き作業に従事している。……それぞれの女性は、彼女の膝の上、または低い作業台の上に毛皮を横たえ、そして親指でナイフを使って、大きな毛を引き抜く。

つぎに、やはり女性の手によって毛皮から羊毛が取り除かれた。だが、こんどは毛を切り落とす動力駆動の切断機が作動している。集中動力源の送風機を用いて、細い毛を粗い毛から分離した。扇風機は毎分二○○○回も回転し、空気の風力により、軽量の毛が重量のある毛よりも遠くまで飛ばされ、分離が実行された。次の段階では、羊毛や毛皮をフェルト〔不織布〕に加工するが、これは機械ではなく高度な熟練労働者に依存していた。材料は作業台の上に置かれており、

そして弓使いは左手で弓の杖を握り、右手で弦をはじく、……弦が羊毛や毛皮に対して急速に振動する。……原料であるすべてのフィラメント〔長い繊維〕の塊または集合体は、完全に開いて膨張し、繊維質は叩くと上に飛び上がり、職人の手際の良さによって、ほぼ同じ太さになって作業台に落ちてくる。そして、非常に軽く柔らかい素材の層の外観を呈する。

こうしてフェルト化の準備ができあがる。「この操作は、未経験者には簡単に見えるが、習熟するには何年もの訓練が必要となる」。帽子が完成するまでの生産工程は、熟練した手作業、熟練していない作業、および機械による工程のあいだで、交互に交替しながら進行したのである。

バーモンジーの工場が示すのは、生産過程が異なる度合いの熟練を必要とする一連の仕事へと分割されていることにある。そうした技能は経験を通じて獲得されるものであり、異なる格付けをされて報酬を受け取ることになる。製品の質は管理者によってチェックされ、機械が導入されるのは高い資本労働比率が費用を低下させる箇所にある。私たちは、機械化の度合いが慎重に考え抜かれていることを知っている。一八三〇年代にアメリカ合衆国の賃金は、すでにイギリスのそれよりも高い水準だった。そしてアメリカの帽子製造業者は、クリスティが採用したよりも高度に機械化されたシステム

を発明したのであった。ヘンリー・クリスティは、遅くとも一八三三年にはアメリカの技術に通暁していたが、彼の工場では一八六〇年代になるまで本格的なアメリカ的システムを採用しなかった。その理由の一部は、イギリスに比べてアメリカでは「労働分配率がより大きく、したがって〔労賃の〕節約が大きくなった」からである。

蒸気機関

工業化以前の時代の世界では、エネルギーは動物と人間の力、木材や泥炭のような有機物である薪炭の燃焼、風力や水力のようなものを基盤としていた。近代の経済発展は強力な動力源を必要として、最初に利用されたのは石炭であった。もともと石炭は、一六世紀後半のロンドンで熱源として燃やされていた。一八世紀になると石炭の熱エネルギーは、蒸気機関を通じて機械の動力へと転換されていき、鉱山で水を排出するのに最初に用いられた。蒸気機関は続く一〇〇年間に徐々に改良された。しかし、一八三〇年代ごろに効率的で高圧の蒸気機関が発達するまで、その経済的影響は微々たるものであった。それらは動力産業や運輸に広く採用されていった。一九世紀半ばまでに、蒸気力の革命的な潜在力は現実化して、経済発展にかなりの貢献をした。

蒸気機関の発明と改良は、新しい知識の応用という点でも、文化的な有力者や団体の実力者との関連という点からも、科学革命に緊密に結びついていた。蒸気技術の発展には中流階層出身の多くの熟練職人や技術者を必要としたので、学校や徒弟を通じた技術教育の広範な利用は重要であった。

蒸気機関は、一七世紀の科学者によって発見された知識を応用したものとして重要である。近代科学はガリレオ・ガリレイによって始まるが、彼は空気が重力をもつのではないかと考えた最初の人物であった。そのことをガリレイが最初に思いついたのは、炭鉱の排水を研究していたときのことだった。彼は、吸引ポンプが約三〇フィート以上に水を引き揚げないことに気がついた。彼はこの問題を秘書であるエヴァンジェリスタ・トリチェリに取り組ませた。トリチェリは、水銀気圧計を発明して、空気の重量の計測をおこなった。一六七二年にマグデブルクのオットー・フォン・ゲーリケが、シリンダーの頂点からのピストン上昇を抑制する垂直シリンダーで空気の重量を測定した。フォン・ゲーリケは、ピストンに結びつけられたロープを滑車に巻きつけ、重りを置いた台座と引き合う状態にさせた。彼は、シリンダーから空気を排出することで、大気圧に押されてピストンが下がり、台座を引き上げることを発見した。彼は台座に重りを乗せることで、その上昇を相殺して空気の重量を測定することができたのだった。一六七五年にドニ・パパンは、シリンダーを蒸気で満たし、それを凝縮することで、真空ポンプを意味のないものとした。パパンは蒸気機関の原型を発明したのであった。

フォン・ゲーリケの実験は、一七一二年にトマス・ニューコメンによって発明された最初の成功した蒸気機関に似通ったものだった（図9を参照）。

ニューコメンの蒸気機関は、垂直シリンダーとピストンを兼ね備えたものだった。滑車の代わりに、平均台〔バランスビーム〕があり、鉱山から排水をおこなうためのポンプが重りに取って代わった。シリンダーを蒸気で満たし、その後に冷水——ニューコメンの有名な「冷水注射」——で減圧することで、大気圧に押されてピストンが下がり、ポンプで汲み上げることになった。ニューコメンは、空気の重みによって水を引き揚げて、つまりは儲けを上げる方法を発見したのであった。

ある時期、蒸気機関の歴史家は、ニューコメンは大気に関連した科学をまったく知らなかったと考えていた。しかし、最近になるとそうした見解は変化しており、ニューコメンは自然哲学者が発見したものを多分に知っていたことが認識されている。その回路となったのは、自然科学に精通していた王立協会の会員、トマス・セイヴァリーであった。セイヴァリーは蒸気ポンプを発明してダートマスを訪問し、それを推奨していった。たぶん、そこで彼はニューコメンと面識をもった。彼らには少なくとも共通の知人が一人はいたことが確実である。したがって、産業革命の最大の発明家のひとりは、実際には行動する科学者だったようである。

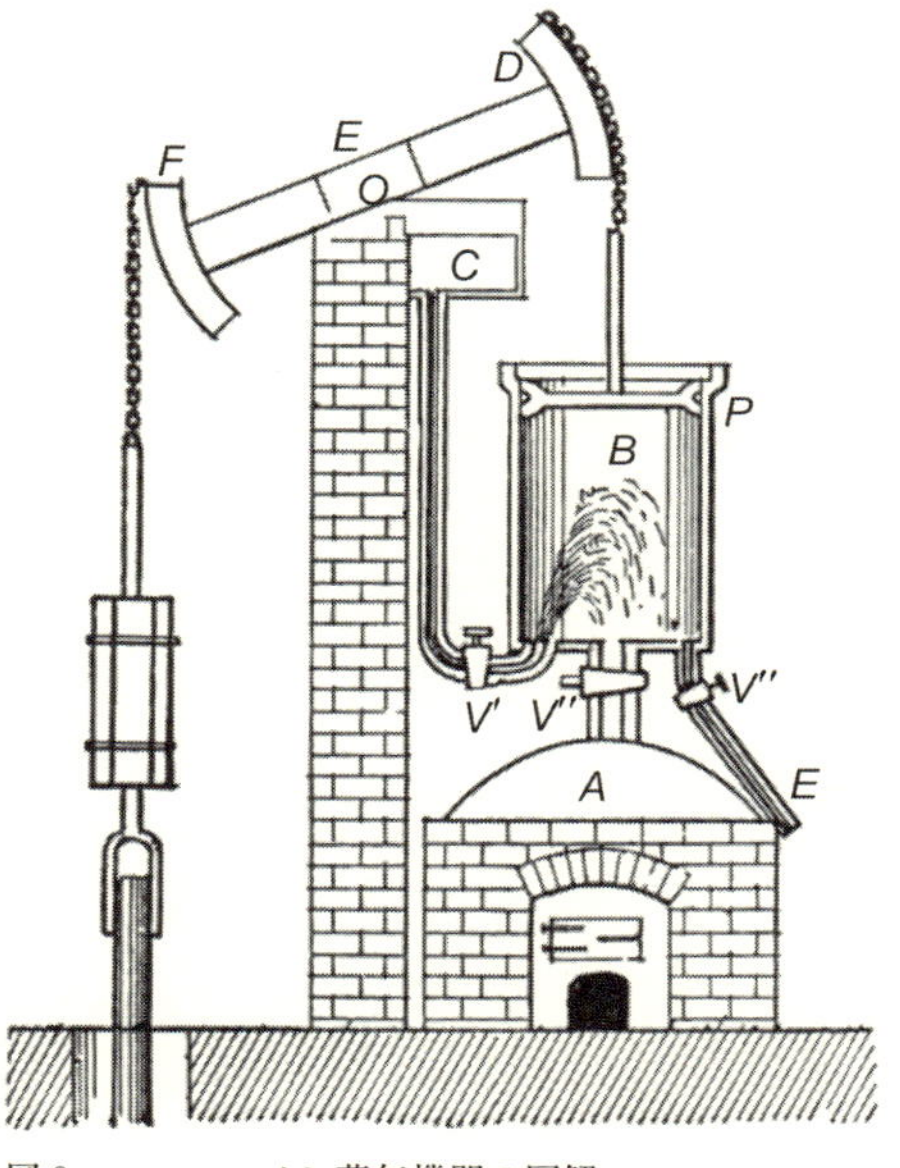

図9　ニューコメン蒸気機関の図解

蒸気機関の前提となる科学は、汎ヨーロッパ規模（指導的な科学者は、イタリア人、ドイツ人、フランス人）であったが、研究開発（R&D）はイギリスで一人のイングランド人によって遂行された。それは、二つの理由によって、イギリスが大規模な蒸気機関を使用することが利益を上げる唯一の場所であったことによる。第一に、主として蒸気機関が利用されたのは、炭鉱から排水をおこなうことにあり、イギリスは石炭のおかげでヨーロッパでの最大規模の炭鉱業を抱えていた。第二に、蒸気機関は莫大な燃料の量を使用したが、炭鉱は安価な燃料を提供した。ジョン・セオフィロス・デサグリエは、一八世紀初頭の指導的な技術者であり、次のような考察をおこなっている。

［動力に］利用できる水が存在しないで、石炭が廉価な場合は、蒸気機関、当時は火気蒸気機関と呼ばれるもの、火力によって水を汲み上げる機関が、最良かつもっとも効率的である。とりわけ炭鉱労働では、大いに役に立っている（全般的に役に立つとも言える）。炭鉱労働では、ほかでは売れないような石炭のくずを燃やして、火気蒸気機関道の動力を生み出している。

イギリスでニューコメンの蒸気機関を発達させることが利益を上げた理由は、排水が必要な炭鉱が存在したことにある。

ニューコメンの蒸気機関は、新たなる技術の発展の軌道が始まるマクロ発明であった。

その後の一世紀半で、蒸気機関は産業革命のもっとも有名な技術者たちによって改善されていった。

石炭を含むすべての投入物の消費は削減されたが、石炭はイギリスでは廉価であった。燃料消費量は、一七二七年の毎時一馬力石炭四四ポンドから一八四七年は三ポンドへと低下した。この改良は、イギリスの技術にとっては大勝利であったが、一八世紀にはイギリスに利益をもたらした蒸気機関を世界中どこでも用いられる技術へと変化させることで、イギリスの競争力の優位性を掘り崩していった。石炭消費が毎時一馬力三ポンドへと削減されることで、石炭価格は蒸気機関の商業的利用にはほとんど重要でなくなった。イギリスの技術者は、すべての人のための「適切な技術」を発明したのであった。

産業革命の思想的帰結は、発明家を「ひらめきをもった天才」として思い描くことにあった。このことは、決して偶然ではない。中産階級のプロパガンダは、ジェームズ・ワットを発明の才能のある人物、国家の繁栄の擁護者として宣伝していった。それは、ナポレオンに勝利しただけではなく、土地所有階級の政治的指導者となった軍事的な天才のウェリントン卿への対抗イメージとなった。実際には、傑出した発想をもつ天才以外にも、多くの形態で発明はおこなわれた。ほとんどの発明は骨の折れる技術者の仕事から成り立っており、それによって素朴な着想を製品に変えていき、信頼できて安価に生産ができるような工程になる。このことは、織物産業においてとりわけ当てはまった。トマス・エジソンの「発明とは一パーセントの天才（ひらめき）と、九九パーセントの努力」という格言は、本質的な真実を含んでいる。「行動によって学ぶ」もまた、技術者や監督者が機械や生産過程が現実に機能し、それらをどのように改良するのかを観察するときに重要であった。（意図的にせよ、そうでない場合もあったが）企業は情報を交換することもあり、したがって、一つの企業の進歩がほかの企業によってさらに前に進められる。その結果が、集合的発明なのである。

蒸気機関の歴史が明らかにするのは、発明が組織化される多様な道筋であった。すなわち、啓蒙思想のエリートの発明と高度な科学との結びつきのない職人の発明の双方が重要となった。蒸気機関が発明されたのは、ダートマスの製鉄業者だったニューコメンによってであった。彼は利益を上げるために、王立協会の会員だったトマス・セイヴァリーと協力して特許を手にした。一七二七年には石炭燃料の消費が一馬力一時間あたり四四ポンドから、一七六九年には一馬力一時間あたり三〇ポンドへと下落した。たぶんこれは、技術者が相互の経験の結果を共有することで集合的発明がなされたせいである。

消費量は、三〇ポンドから一七ポンドまで再度下落した。これは、王立協会会員ジョン・スミートンの研究によるものであった。スミートンは、一五台の蒸気機関の記録を集め、それらの所有者は記録を秘密にしていなかったので、その記録を分析してもっとも効率的な設計を決定した。彼はみずからの発見を特許にはしなかったが、契約書の協議を通じて研究から利益を得ることになった。スミートンは産業的啓蒙の指導的な存在であった。

次なる進歩は、王立協会の会員ジェームズ・ワットによるものであった。彼の有名な分離凝縮器は、燃料消費を一七ポンドから九ポンドにまで削減した。分離凝縮器を付けた最初の蒸気機関は、一七七六年に使われはじめた。ワットの動機となったのは、個人的な利益にあったことは間違いなく、一七六九年に凝縮器の特許を取得した。ワットの経歴は、特許のもつ二つの性格を示している。すなわち、特許は発明に対する報酬をもたらしたが、その後の進歩を阻害することにもなったのである。というのも、ワットは特許を用いて、ほかの発明家が組み合わせ円筒〔複合シリンダー〕を用いて実験することを妨害したからである。工学技術の進歩は遅れ、ワットの特許の期限が切れたのは一八〇〇年のことであった。

ワットの事例が示すのは、科学者と実務的な技術者との社会的結合関係の重要性であった。ワットは〔スコットランドの〕グリーノックに生まれ、一八歳のときにグラスゴーに送られて科学機器製造の技能を学んだ。最初、彼は母親の家族のもとで暮らしたが、母の親戚であるジョージ・ムーアヘッドを通じて、ワットはグラスゴーの科学や文化のエリートに紹介されていった。のちの自然哲学の教授であるロバート・ディック、また医学教授となるジョセフ・ブラックなどと親密な友人となった。

ワットはロンドンでの一年間の科学機器製造の修業のあと、一七五七年にグラスゴーに帰還して大学に工房を開設することを許され、そこでジョセフ・ブラックのために科学機器を製造することになった。ブラックの科学的研究は熱力学に関心を置き、「潜熱」という概念を考案した。それは、ワットの分離凝縮器の成功にとってひとつの説明原理を与えるものとなった。

のちにブラックは、エジンバラ大学の教授となり、科学的知識を応用することでスコットランド経済を発展させる事業に専心することになる。彼は製造業の経営者と一緒に仕事をした。ブラックは生涯にわたるワットの友人となり、ワットはブラックや彼の周辺の人びととパートナーシップ〔共同経営〕を確立することで、事業計画のための資本を提供することもした。そのなかにはジョン・ローバックのような人物もおり、ローバックもワットを雇って最初の蒸気機関のひとつをキンネルの炭鉱で建造したのだった。スコットランドの科学と産業の複合体は、産業的啓蒙の最初期の事例となる。ワットはみずからの考えを深め、さらなる発明につなげるための人的結合をもつという点で有利な位置にあったのである。

蒸気機関における次なる進歩は、コーンウォールの技術者たちによって達成されることになった。彼らは、有名なコーンウォール式ポンプの動力機を発明して、銅と錫（スズ）の鉱山での排水をおこなった。彼らの目的は燃料を節約することにあったが、それは石炭が南ウェールズから運搬されるために非常に高価だったことによる。その問題は、一八〇〇年にワットの特許が期限切れとなることで深まっていた。なぜなら、当時のワットは技術者たちをコーンウォールから引き揚げて、蒸気機関の性能が急激に低下していたからであった。鉱山所有者たちはワットの助言に対して金銭を支払うことを望んでおらず、問題をみずからで解決するために団結することになった。すべての蒸気機関に対して設計や燃料効率についての詳細なデータを月ごとに確認して、『リーン蒸気機関通信』として刊行した。そのようにして、技術者たちは相互の経験から学び、コーンウォールの蒸気機関は続く数十年のあいだに改良されていった。これは大規模な集団的発明であり、これまでにないもっとも効率的な蒸気機関の技術を生み出した。進歩のために特許は必要ではなかった。それらの改良を完遂させた技術者たちは、啓蒙とのつながりなしにそれを成し遂げたのである。

製陶業

磁器はアジアからの輸入品が産業革命を刺激した典型的な事例となる。中世から近世に、中国は大規模な製陶業を保持しており、精巧な花瓶や皿などの生産品を世界中に輸出していた。それらのほとんどが白地の背景に青色の模様で装飾されたが、ほかの色も用いられることもあった。陶器生産は、一八世紀半ばにイングランドでも始められることになった。

その当時、化学が未発達であり、別の国で新たに陶磁器業を始めることは技術的に困難であった。それは、地元の原料の性質が簡単には特定できず、生産方法が所定の順序をもった科学的手法を通じて安定的なものにすることができなかったからである。そうした知識は、産業に従事する職人の秘技であり身体化されたものだった。そうした課題は、一七世紀半ばに始まる改良の連続によって対処されていくことになる。外国製品の模倣に成功すると、有名無名の陶器職人たちによって進歩が積み重ねられたのである。

陶磁器の歴史は、産業的啓蒙の見解を支持するものとなる。産業的啓蒙とは、科学の進歩が技術発展の刺激剤となるというもので、それは主導的な科学者との接触や、（より重要なものとして）製造方法の完成に向けて科学的方法を応用することでおこなわれるという。実際のところ、製陶業は、近代の科学的な知識が、熟練職人の暗黙の理解に取って代わった最初の産業のひとつとなっている。

一七世紀半ばには、イングランドの陶磁器生産は原初的な状態にあった。国内での生産のほとんどは、廉価で、地元向けの陶器を生産していた。最高級品に対する需要は、中国からの陶器の輸入で対応していた。かなりの量の塩釉炻器（えんゆうせっき）がラインラント地方から輸入されて、中産階級や下層階級の家庭に販売されていった。

イギリスの産業として確立する最初の一歩は、ジョン・ドワイト（一六三三〜一七〇三年）によって始められた。彼は、産業的啓蒙の傑出した典型的人物のひとりであり、技術を大いに発展させることになった。ドワイトは富裕な自作農（ヨーマン）の息子であったが、オクスフォード大学への入学を認められるほどの学問的な才能があった。オクスフォードでは、彼は法律と化学を学んで、ロバート・ボイルの実験室で研究をしていた。しかし、彼は法学で学位を取得すると、一六六九年までは聖職者として働き、その年には「多くの実験を試みて、中国の陶器を製造する秘訣を得たという結論に達した。したがって、ボイル氏とフック博士によって勧められ、ドワイトは聖職禄を売却して、ロンドンへと進出した」。彼は、イギリスに輸入されるあらゆる種類の陶器を製造しようと試みた。磁器の製造には成功しなかったが、彼の実験は塩釉炻器を製造する秘訣を明らかにしていった。これは、かなりの偉業であった。というのも、適合的な原料の確定、高温炉の発明、塩釉を応用する正確な方法の発見を必要としたからである。ドワイトは、製造工程を特許に出して秘密にしようとしたが、従業員が離職して競合相手となる会社を設立したので、上手くはいかなかった。ドワイトは、イングランドでの塩釉炻器産業の確立に功をなしたと言える。

中国はユーラシア大陸に磁器を輸出したが、多くの国ではそれらを地元で生産しようと試みた。たとえば、オスマン朝トルコでは、フリットウェアの模倣がおこなわれた。一五世紀には、イズニクの陶芸職人が地元の材料を用いた新規の製造工程を生み出したが、それは白地の背景にコバルトブルーの模様に二重に熱を加えたものだった。続く二世紀のあいだ、色彩の種類を増やして、中東やヨーロッパへとかなりの量を輸出していった。しかし、一八世紀には、産業革命を経験することなく、製陶業は衰退へと向かった。ヨーロッパでは、ザクセン選帝侯のアウグスト二世が磁器の収集家であり、エーレンフリート・ヴァルター・フォン・チルンハウス（ドイツ人ではあるが、産業的啓蒙のもうひとりの事例）や投獄されていた錬金術師のヨハン・フリードリヒ・ベトガーらの研究を奨励した。一七〇八年、彼らは陶器の製造に成功して、中国の石や粘土に代わるザクセンの素材を発見して、マイセン製陶業の礎をなした。

イングランドでは、科学文化のもうひとりの典型的人物、ウィリアム・クックワージー（一七〇五〜八〇年）が、最終的に硬質の陶器を製造することに成功した。彼は薬剤師として成功した人物であり、一七四〇年代には大ウィリアム・ピットの甥で、のちに初代キャメルフォード男爵となったトマス・ピットによって所有されていたコーンウォールの土地に、白土・陶土の堆積物を発見した。ピットは、科学的関心の点では注目に値する存在ではなかったが、クックワージーの特許申請や製造工程を完成させるための実験作業に財政的支援をおこなった。それはおそらく、彼の領地に埋蔵されている原料の価値を高めるためのものだった。クックワージーには、多くの科学者の知己が存在した。そのなかにはジョン・スミートンがおり、彼はエディストーン灯台の建設時（一七五六～九年）にピットの邸宅に逗留（とうりゅう）していた。また、ジェームズ・クックやジョセフ・バンクスなどが、一七六八年にはピットと夕食をともにしていた。

ジョサイア・ウェッジウッド（一七三〇～九五年）は、産業的啓蒙のもうひとりの典型的事例を提供してくれる。彼は、イングランドの製造業を洗練してさらに高い水準にしていった。彼の家族は陶芸職人であり、彼はその職能の徒弟奉公に出ていた。それにもかかわらず、知識は実験を通じて獲得できるという科学的信念を大事にして、より良質の原料と製造工程を発見するために五〇〇〇もの実験をおこなった。彼はより正確に気温を測定するための高温計を発明したが、それによって王立協会の会員に推薦されていった。陶器製造の事業を立ち上げることに成功して、その陶器産業を牽引して（クリーム色焼きの改良版である）女王焼き（クイーンズ・ウエア）、玄武岩陶器、碧玉陶器のような新たな製品を導入することにつながった。彼は、食器だけではなく、大メダル〔円形浮き彫りの装飾品〕、陶磁器の装飾品、花瓶などを製造した。彼には大いなる商才があったのである。

ドワイト、クックワージー、ウェッジウッド……。彼らは、行動する産業的啓蒙の思想家であった。しかし、そうした天才がイングランドの陶業の発展に決定的な貢献をおこなった一方で、彼らは孤立した存在ではなかった。二つの点で、発明家の集団は多様なものであった。

第一に、多くの発明は、職業人としての経歴しかもたない人びとによってなされたもので、啓蒙思想家との人脈が欠落していた。ウェッジウッドの初期の財産は、クリーム色焼き陶器の販売から得られたものであり、それは一世紀におよぶイングランドの陶器の主要製品ともなった。クリーム色焼き陶器は、一七四〇年にイーノック・ブースによって開発されたが、ブースは肉屋の息子であり、陶芸職人に徒弟に出されていた。ブースは、一七五〇年ごろに二重焼成法を発明した。彼は陶器に釉薬をかけ、焼成して、表面に絵を描き、それから絵を保護するためにふたたび釉薬で陶器の外側の光沢を出した最初の人物であった。庶民層の出身者による発明の事例をもうひとつあげれば、ジョサイア・スポード一世（彼の祖父は「石炭先山」であった）で、トマス・ウィールドンと徒弟奉公をおこなった。スポードは、一七八四年に釉薬転写捺染によって改善をおこない、骨灰磁器（ボーンチャイナ）を開発した。この事業は、彼の息子であるジョサイア・スポード二世によって完了した。ドワイトやウェッジウッドのように有名な発明家は、独立した職人の生産者から構成されるひとつの組織的労働のなかで仕事をしたが、そうした職人の多くは技術発展に等しく貴重な貢献をおこなっていた。それどころか、ウェッジウッドの職人としての姿を復元することで、産業的啓蒙を骨抜きにしようとするものもいる。結局のところ、トマス・ウィールドンとともに働いていた二四歳のときに、ウェッジウッドは製陶業での実験に従事していたのであった。ウェッジウッドは、五二歳になって初めて王立協会で論文を発表した。職人の視点からすれば、王立協会は指導的存在のひとりを評価することでは慧眼の持ち主であったのだが、彼の発見や功績に対する動機づけは、上からではなく下から発生したものだった。

第二に、陶器の技術は、天才や研究開発（R＆D）型の起業家を通じてと同じくらいに、集団的学習を通じても発展していった。熟練職人たちはみずからが改良した点をしばしば秘密にしておこうとしたが、被雇用者は会社を離れるときには知識を持ち出したので、それは困難であることが判明した。したがって、持ち出しを禁止する試みが存在したにもかかわらず、集合的な発明は進行していった。製陶業での技術発展は、指導的人物の営為によるものだけではなかった。集合的発明の努力が、製陶業に応用される際にひらめきをもつ天才モデルに加えられるべき第二の条件であった。

華麗な陶器の意匠を作成することと、安価に製造することは別物であった。

陶器における技術革新は、意匠と同じくらいに安価なる製造に向けられていた。イングランドは、中国で使用されていたものとは根本的に異なる方法を発展させた。両国では、技術は高価な投入物の使用を削減し、廉価なものを使用する方向に発展していった。第一に、イギリスの製造業者は、ほかの産業のために開発された機械を採用することで熟練労働者の雇用を削減した。たとえば、ウェッジウッドは、花瓶の円筒部分を回すために旋盤を設置した。第二に、転写捺染が発明された。中国では、芸術家がそれぞれの作品に意匠を描いていた。これは、イングランドで使用された最初のシステムであった。それにはかなりの費用がかかった。イングランドでは、転写捺染により労働力を資本に置き換えることで費用が削減された。転写捺染では、銅板に意匠を彫刻し、それを使用して転写紙に模様を捺染する。インクがまだ濡れているあいだに、あらかじめ釉薬を塗った陶器の上に転写紙を置き、そこにインクを付着させ、模様の意匠を陶器に転写した。イングランドの捺染業者ジョン・サドラーとアイルランドの彫刻家ジョン・ブルックスは、一七四〇年代にこの製造工程を別個に発明していた。しかし、インクは剝がれ落ちてしまう。解決策は、インク画像の上に釉薬の二層目を塗布し、ふたた

図10　柳模様で装飾された皿

び陶器に戻すことであった。医師でウースター磁器会社の創設者であるジョン・ウォールは、一七五七年に釉薬の下に青いインクを使用した転写捺染を開発し、前述のように、一七八四年にジョン・スポードがその技術を洗練していった。一七八〇年にトマス・ミントンが最初に描いた、有名な青地に白の柳の模様の作品は、転写捺染であった（図10を参照）。

第三に、イングランドの陶器では資本が高価な労働力の代わりに使われたが、イングランドと中国の窯（かま）の比較が示すように、資本は無計画に使用されたわけではない。

イングランドの窯は資本を節約するために建造され、エネルギーを浪費していた。イングランド式の窯は、底で石炭を燃やすものだった。熱が上昇して通風管を包み込み、炉の上部にある穴から外に排出された。エネルギーの多くは無駄となった。イングランドの窯業は、建造費は安価であったが、熱効率があまり良くなかったのである。対照的に、中国の窯はエネルギーを節約するために多くの資本が使われた。それらは山岳の中腹にそびえる一連の洞穴から構成されており、陶器を焼くために熱が引き込まれた下部の洞穴の入り口で燃やされた。熱はイングランド式のように上部の穴から排出されずに、それは押し下げられ床の高さにある穴を通って、丘の上のほうの次の洞穴に入った。熱は洞穴ごとに再利用されるため、無駄にはならない。もちろん、この設計にはより多くの資本が必要となった。したがって、陶器製造窯は、資本、燃料、労働力の費用に応じて技術が設計される生産方法の、もうひとつの事例となる。この場合、イングランドの慣行とは対照的に、中国では燃料が高価だったために、資本がエネルギーに置き換わったのである。

イングランド人が費用を削減することになった最終手段は、製陶業の工場生産の拡大であった。ウエッジウッドのエトルリア工場はそれを牽引する存在であった。それは分業にもとづいており、綿織物工場とは異なり、その目的は男性職人の代わりに未熟な女性や児童を置き換えることではなく、芸術的な仕事のために人びとを訓練して技能を向上させることにあった。さらに、前述のように、旋盤などでおこなう作業の労働生産性を高めるために機械が使用された。最終的に、検査と品質管理は徹底的におこなわれた。

産業革命の終焉

ある解釈においては、産業革命は一八三〇年ごろに終わったとされている。しかし、私たちの見解においては、さらに一世代続いた。一八三〇年までに達成された進歩は、決して均衡のとれたものではなかった。綿業は大規模なもので、紡績過程は全面的に機械化されていた。力織機は手織工を歴史の屑籠に追いやった。製鉄業の技術革新も革命的なもので、機械産業は主に織物産業に機械を提供するまでに発展した。そうした産業部門以外でもいくつかの進歩があり、機械はロウソクや帽子などの生産でも用いられたが、ほとんどの経済部門は依然として手つかずの状態にあった。

こうした状態は、一八三〇年から一八七〇年にかけて近代的な技術が経済全体に波及するにつれて変化した。重要な指標は、蒸気機関の使用の拡大にあった。一九世紀の初頭には、ほとんどの蒸気機関は排水のために炭鉱で使用されはじめた。産業は水力を動力源としていた。一八三〇年には、蒸気力と水力はそれぞれ一六万五〇〇〇馬力を供給して、同じくらいに重要な動力源であった。一八七〇年までに、水力は二三万馬力まで増加したが、蒸気力は二〇六万馬力に飛躍的に増大した。蒸気機関の使用の拡大は、燃料効率の良さと高圧蒸気機関の開発のおかげだった。それはニューコメンとワットの低圧機関と比べれば、軽量であり廉価であった。

蒸気機関の有利な点は、水車と違って、移動可能だったことにある。高圧蒸気機関の初期のすべての実験家は、輸送手段の動力源にしようと試みたが、結果は道路の劣悪な状況のために不満足なものに終わった。ひとつの解決法は、発動機を鉄道に乗せるという、石炭や鉱石を鉱山から運び出す際によく用いられていた方法であった。リチャード・トレヴィシックが最初の蒸気機関車を製作し、一八〇四年にウェールズのペナンダレン製鉄所の鉱石運搬用軌道で鉱石を運搬した。炭鉱では貨物機関車には需要があり、技術者が別な形状の機関車を試して経験から学習することで、設計は徐々に改良されていった。大きな転換点となったのは、ジョージとロバートのスティーヴンソン兄弟のロケット号であり、一八二九年の「レインヒル競争」に勝利することになった。彼らは、リヴァプール・マンチェスター鉄道会社との貨物契約を褒賞として与えられ、それは広範な目的をもつ最初の鉄道であり、熱狂的な鉄道建設が始められた。一八六七年までには、一万二〇〇〇マイルの鉄路が稼働するようになっていた。

鉄道が世界中にはりめぐらされ、世界市場の一体化に貢献することになった。

悪質な道路の問題に対する別な解決法は、蒸気機関を船に乗せることだった。ロバート・フルトンは、最初の商業的に成功を収めた蒸気船クレアモント号を建造し、一八〇七年にハドソン河を航行した。大洋横断は、大きな挑戦であった。ここでも問題となるのは動力機関の熱効率の問題で、船舶は航海に必要な石炭を積載しなければならなかったからであり、動力機関が非効率的であれば、収入源となる貨物の収容量の一部を石炭の積載のために割り当てなければならなかった。イザムバード・キングダム・ブルネルのグレート・ウェスタン号が建造され、一八三八年には大西洋横断を敢行し、グレート・ブリテン号はスクリュー・プロペラで運行する最初の鋼鉄船舶となった。帆船から蒸気船への移行は緩慢としたものであり、動力機関の効率の改良の度合いに依存していた。一九世紀の末までに、イギリスから中国までの最長航路も蒸気船が帆船に取って代わった。蒸気機関の利用が増すにつれて、世界経済の一体化も進行していった。

一八三〇年から一八七〇年にかけて、蒸気機関によって駆動される機械は、経済全体の諸活動から人間や動物による労働を取り除いていった。一八五〇年代には馬に引かれた小型の蒸気機関が農場に動力源を供給していたが、蒸気機関を乗せた「トラクション」〔移動式運搬車〕（一八五九年）に取って代わられた。一八六五年にはローラー〔円筒状の回転物〕が装備され、道路の表面整備用として使用された。一八二〇年代から蒸気機関による製材所が、二人の労働者と一つのノコギリによる作業を代替しつつあった。混和機（パグミル）が、煉瓦製造や陶器用の粘土を混ぜる作業での重労働に取って代わりつつあった。煉瓦は、手作業ではなく機械の押出機を使用して成形された。こうした業種が次から次へと増えていった。

蒸気機関の動力源は、一八四〇年以前には労働生産性全体の増加にほとんど寄与しなかった。最大の貢献は、一八五〇年から一八七〇年にかけて発生した。それは、鉄道の建設とイギリス産業を横断した工場や機械化の拡大と軌を一にしていた。一九世紀の半ばには、手作業は消滅して、高い生産性、つまり高賃金の工場労働に取って代わりはじめたのである。

第4章　イギリスの変容

前章では、産業革命の善意に満ちた側面について論じてみた。つぎに、その暗黒の側面について目を向け、この技術の発展が多くの人びとに長期間にわたって広範な被害を引き起こしたことを考察してみよう。その際、大きな問題から始めることにする。すなわち、どのように技術革命が、社会の構造を変化させたのかということである。

階級構造

その問題には、社会統計表をもって応答することができる。社会統計表は、社会を身分や職業集団へと分類して各集団の世帯の数、平均所得などを確定する。グレゴリー・キングは、一六八八年にイングランドの最初の社会統計を準備していた。それは、よく知られ確立したジャンルであった。一七五九年にジョセフ・マッシーは、グレゴリー・キングの社会統計表を時代に合わせたものとした。パトリック・カフーンはそれを大幅に改訂してイギリスを描写し、一八〇一年の最初の国勢調査によって全容を明らかにした（私は、彼の統計表を一七九八年とみなしている）。ウィリアム・スミーとダッドリー・バクスターは、一八四一年と一八六一年の国勢調査での職業データや所得税の課税申告書からの情報も用いて、さらに改訂を加えた。調査官は多様な情報源ならびに多様な職業分類を用いたので、それぞれの社会統計表のあいだでの比較は簡単なものではない。歴史家はこの問題に対して、最近になって収集された情報や職業分類や所得などにより、統計表を修正することで対処してきた。正確な比較は難しいが、社会統計表は社会進化の主要な趨勢を明らかにしてくれる。

コラム4は、多様な職業や身分を産業革命期に登場してくる六つの集団にまとめて、主要な統計表を要約している。

一八世紀の統計表はスコットランドを含んではいないが、この限定は一貫性を確保するために継続されている。しかし、これは不幸なることであり、一九世紀のデータを用いた計算によれば、イギリス（ブリテン）全体の割合がここで示されたイングランドとウェールズとでは少しばかり異なっていることを示している。

「土地所有階級」が頂点を形成しており、彼らはイングランドのほとんどの土地を保有して、農業

コラム４

産業革命期を通じてイングランドの社会構造はどのように変容したのか？

以下の統計表では，イングランドの人口を６つの階級に分類している。それは，1688年のグレゴリー・キングから1867年のダッドリー・バクスターまでの統計表を貫く分類法だった。統計表が示すのは，それぞれの年のそれぞれのカテゴリーの（初期の統計表では「家族」と呼ばれる）世帯数である。世帯には奉公人や親族を含んでいる。土地所有階級は，ほとんどの不動産を保有しているが，その数は常に少数であった。労働者階級は常に最大規模であり，産業革命期を通じて大きく増加していた。しかし，中産階級は，ずっと速い速度で増大していた。農民の数は，産業が拡大していたほかの集団に比べて減少していた。貧民は，18世紀には数のうえでは増大していたが，産業がわずかに発展すると没落していった。救貧法は，運用が厳格化された。

	1688	1759	1798	1846	1867
A. 家族ないしは世帯の数					
土地所有者	31,626	29,070	38,704	52,986	50,695
ブルジョワジー	60,128	84,000	95,879	363,932	436,493
下層中産階級	114,602	188,000	252,640	649,396	884,450
農民	402,440	379,008	320,000	243,130	223,271
労働者	980,863	1,128,247	1,804,567	2,598,299	3,668,936
小屋住み農と貧民	161,672	192,310	439,897	320,648	317,726
合計	1,751,331	2,000,635	2,951,687	4,228,393	5,581,571
B. 家族と世帯の配分（％）					
土地所有者	1.8	1.5	1.3	1.3	0.9
ブルジョワジー	3.4	4.2	3.2	8.6	7.8
下層中産階級	6.5	9.4	8.6	15.4	15.8
農民	23.0	18.9	10.8	5.7	4.0
労働者	56.0	56.4	61.1	61.4	65.7
小屋住み農と貧民	9.2	9.6	14.9	7.6	5.7

出典：Robert C. Allen, 'Revising England's Social Tables Once Again', Oxford University, Working Papers in Economic and Social History, Number 146, 2016.

地代が彼らの所得の大部分を構成していた。ほかの諸集団と同じく、この土地所有階級も多様であった。そこには、国王や女王を含み、領地をもつ貴族やジェントリ、教会の領地によって生活を保証されていたイングランド国教会の教区牧師なども含んでいた。土地貴族には、学寮の不動産によって生計を支える少数の大学関係者も含まれていた。土地所有階級は、人口の二パーセント以上になることはなく、その割合は時代を超えてほぼ一貫していた。コラム4で示される総数が三万から五万へと増加したことは、一八四六年と一八六七年に初期の調査では除外されていた女性の財産所有者を含めたことを反映していた。土地所有階級は、イギリスではもっとも富裕な集団となった。

次に富裕な集団は「ブルジョワジー」で、大規模な資本家、銀行家、法律家、高級官僚、投資家などを含んでいる。一六八八年にブルジョワジーは数のうえでは土地所有階級を凌駕していたが、産業革命期には、その数は七倍に膨れ上がった。ブルジョワジーの人口に占める割合は、この時期を通じて三パーセントから約八〜九パーセントへと増大していった。

第三の集団は、下層中産階級であった。一八世紀には、それらは圧倒的に商店主や熟練職人などが占めていた。典型的な例では、彼らの仕事には製造業や商取引が含まれていた。彼らは、「肉屋、パン職人、ロウソク製造業者」などであった。下層中産階級にはまた、教師を含んでおり、一八〇〇年にカフーンは、事務職員を新たな職業として認知していた。産業革命が展開するにしたがって、さらに専門職、教育や監視の業務など有給の「ホワイトカラー」職が創出された。こうしたカテゴリーは、一六八八年から一八六七年にかけて八倍にも膨れ上がった。

第四の集団は農民であり、その人口に占める割合は減少していた。一六八八年、二〇万近い小規模農地が小作農や自作農(ヨーマン)によって保有されて、彼らやその家族によって耕作されていた。そのほかの二〇万は大規模農場であり、大所領から借地され、雇用労働者によって耕作されていた。自作農の保有する農地が大規模農場へと統合されていくにつれて、一八世紀と一九世紀初頭には、農地の数は減少した。農業は産業革命期を通じて衰退部門となった。

第五の集団は、最大規模のもので労働者であった。一八世紀の労働者には、一年契約で有期雇用され雇用主と生活をともにする奉公人、日雇いの労働者、出来高払いの賃金を受け取る熟練職人などが含まれていたが、独立して生活する契約労働者に一体化していった。熟練職人の多くは農村で暮らしていた。ウィットニーの織布工が、ひとつの事例となる。もちろん、建築労働者、炭鉱夫、水夫などは、家庭から離れたところで雇用されていた。農業においては、ほかの経済分野と同じくらい多くの職業が存在していた。

この「肉体労働者」はイギリス経済で最大の職業集団を構成しており、産業革命の時代にほぼ四倍に増大した。新しい職業のほとんどは、非農業分野であった。独立自営で農村部の小屋で手作業の道具を使って働く職人が、新しい工場で雇用される機械操作の技師に道を譲るにしたがい、労働の性格が大きく変化した。

もっとも貧しい集団は、たとえ働いていたとしても、不定期雇用の状態にあった。一六八八年には、この集団は全世帯のほぼ一〇分の一を占めていた。キングは、彼らを「小屋住み農と貧民」と呼んだ。

キングは、彼らの収入を最低限の生存維持レベルとした。そのことが意味するのは、おそらく彼らは完全雇用のかたちでは働いていなかったことである。一九世紀における貧民とは、救貧法の救済を受けていた人たちであった。貧民の人口に占める割合は、一七五九年まで一定で、その後に人口が増大するにつれて増加した。紡績工としての女性の雇用機会は減少し、農業生産高が人口に比べて停滞したために食糧価格は上昇した。表に示されている一七九八年から一八四六年までの貧民の数の減少は、救貧法に対する諸改革の結果であり、それは諸改革が運用を厳格化したからである。したがって、この減少は疑わしいものであった。しかし、一八六七年までに貧民の割合がさらに減少したのは、おそらくは労働需要の拡大を反映したものと考えられる。

社会統計を用いて、これらの集団の収入を追跡調査することもできる。これは、所得や購買力のいずれかの観点からおこなうことができる。コラム5は、各集団の「稼ぎ手」の平均所得を示している。たとえば、夫が織布をし、妻が紡績をし、息子が工場で働いているような場合には、世帯には複数の稼ぎ手がいる可能性があり、実際にそうであった。これらの所得が意味する生活水準は、人びとが消費する商品の価格に依存していた。これらの価格を測定する方法はあまたあるが、ここでは、前に定義した必要最低限のバスケットの費用として測定する。世帯内の一人あたりの収入をバスケットの費用で割ることで、収入を価格変動に合わせて調整し、各人が一年間に消費できるバスケットの数がわかる（コラム6）。

当該期間を通じてもっとも収入の高い集団は、土地所有階級であった。この特権的な集団は、ジェ

コラム5

人びとはいくら稼いでいたのか？

各世帯に少なくとも1人は，いくばくかの貨幣をもたらす人物がおり，しばしば複数の賃金稼得者が存在した。この意味での「稼ぎ手」は，賃金や給与のために働き，事業を経営して，配当金，投資利息，借地に出した土地からの地代，あるいは貧民救済などを受け取った。以下の表は，その階級が稼いだ総収入に等しい階級内の所得者の合計数で割った数である。

賃金稼得者1人あたりの年間平均所得（ポンド）

	1688	1759	1798	1846	1867
土地所有者	271.49	452.78	756.49	603.93	678.57
ブルジョワジー	175.38	145.37	525.45	441.23	466.29
下層中産階級	24.47	27.17	64.79	111.64	75.00
農民	15.89	21.57	48.75	121.39	159.22
労働者	12.59	13.58	22.68	26.31	31.83
小屋住み農と貧民	3.15	3.62	3.67	5.31	7.20
平均	19.91	23.14	40.29	57.3	65.66

出典：Robert C. Allen, ‘Revising England’s Social Tables Once Again’, Oxford University, Working Papers in Economic and Social History, Number 146, 2016.

イン・オースティンの〔小説『高慢と偏見』に登場する人物で言えば〕イギリス社会の頂点近くに位置する年収一万ポンドのダーシーから，おそらく一二〇ポンドを受け取っていたと思われる評判の悪い牧師のコリンズまで，広い範囲に及んでいた。コラム5では，一八六〇年代までは，この集団の所得がおそらく過小評価されている。なぜなら，この集団は農業地代のみを受け取っていると想定されているからである。そこには，重要になりつつあった都市不動産や非農業部門への投資から得た収入は含まれていない。

コラム6は，産業革命を通じて実質所得がどのように変化したかを示している。土地所有階級は常に良好であった。一六八八年にはそれぞれバスケット三〇個分

コラム6

生活水準はどの程度まで高かったのか，そして上がったのか？

生活水準は「実質所得」で測定される。第一に，1人あたりの所得は，各年度の各階級の合計所得を階級内の男性も女性も子どもも含めた人数の合計で割って計算される。その結果が「1人あたりの名目所得」と呼ばれる。「名目所得」は，コラム2で定義された生存バスケットの費用で割って「実質所得」に換算される。その結果，各階級の各人が各年度に購入できる必要最低限のバスケットの数が決まる。1688年には，その幅は，小屋住み農や貧民の1つのバスケットを少し超えるところから，土地所有階級の平均的な構成員のほぼバスケット31個分まで広範囲にわたっていた。土地所有階級は，必要最低限のバスケットにあるオートミール粥の31倍の量を消費したわけではない。余剰分のバスケットは，奉公人，建築労働者，職人を雇用するために使用された。ほかの余剰分では，上質な食べ物や洗練された衣服を購入した。産業革命を経て，平均的な人間の消費量は2倍以上になった。量は異なるが，すべての社会階級の収入が増加した。19世紀前半には，平均すれば労働者の収入増はなかったが，1846年以降に労働者の実質所得は跳ね上がった。

1人あたりの平均実質賃金（必要最低限所得の倍数）

	1688	1759	1798	1846	1867
土地所有者	30.92	45.42	53.57	49.97	50.98
ブルジョワジー	20.58	14.74	37.16	32.43	51.39
下層中産階級	5.26	5.19	8.40	12.74	7.25
農民	3.80	4.50	6.89	10.91	11.96
労働者	3.27	3.27	4.39	4.37	6.21
小屋住み農と貧民	1.02	1.02	1.17	1.98	2.43
平均	4.90	5.16	7.77	9.43	11.07

出典：Robert C. Allen, ‘Revising England’s Social Tables Once Again’, Oxford University, Working Papers in Economic and Social History, Number 146, 2016.

を消費できたが、一八〇〇年には消費能力がバスケット五〇個分にまで増加し、その後は安定した状態が続いた。実際には、コラム6に示されている五〇倍のオートミールを消費した人はいなかった。彼らは、食糧の消費をウズラやワインなどのより高価なカロリー源に変更し、建築労働者、奉公人、宝石職人を雇い、実質的に彼らが食物バスケット（または消費水準を上昇させたもの）の飲食をおこなった。

土地所有階級は、産業革命を通じて高い水準で消費をおこなったが、農業部門が製造業部門に対して衰退するにつれて、彼らの相対的な地位は徐々に侵食されていった。一六八八年、土地所有階級が受け取った農業地代は、国民所得の一六パーセントに達した。一八六七年までに、彼らの地代収入は五パーセントにまで減少した。

ブルジョワジーは二番目に裕福な集団であったが、土地所有階級には遠く及ばなかった。彼らの名目所得の最高値は、地主階級と同じく一七九八年に実現されたが、貨幣収入の減少は一般的に物価の下落によって埋められたため、その後も変わることはなかった。起業家で水力紡績機（ウォーター・フレーム）の発明者でもあるリチャード・アークライト卿は、死亡時の遺産から判断すると年間約二万ポンドの収入を得ていたが、彼の息子はその収入をおそらく四万ポンドにまで増加させた（図11を参照）。彼は王国でもっとも裕福な平民であるとされた。消費の可能性という観点からみると、一六八八年には、ブルジョワジーは一人あたりバスケットを二〇個分しか消費しなかったが、一八六七年には地主階級をわずかに凌駕するようになった（バスケット五一・三九個分対バスケット五〇・九八個分）。

(a)

(b)

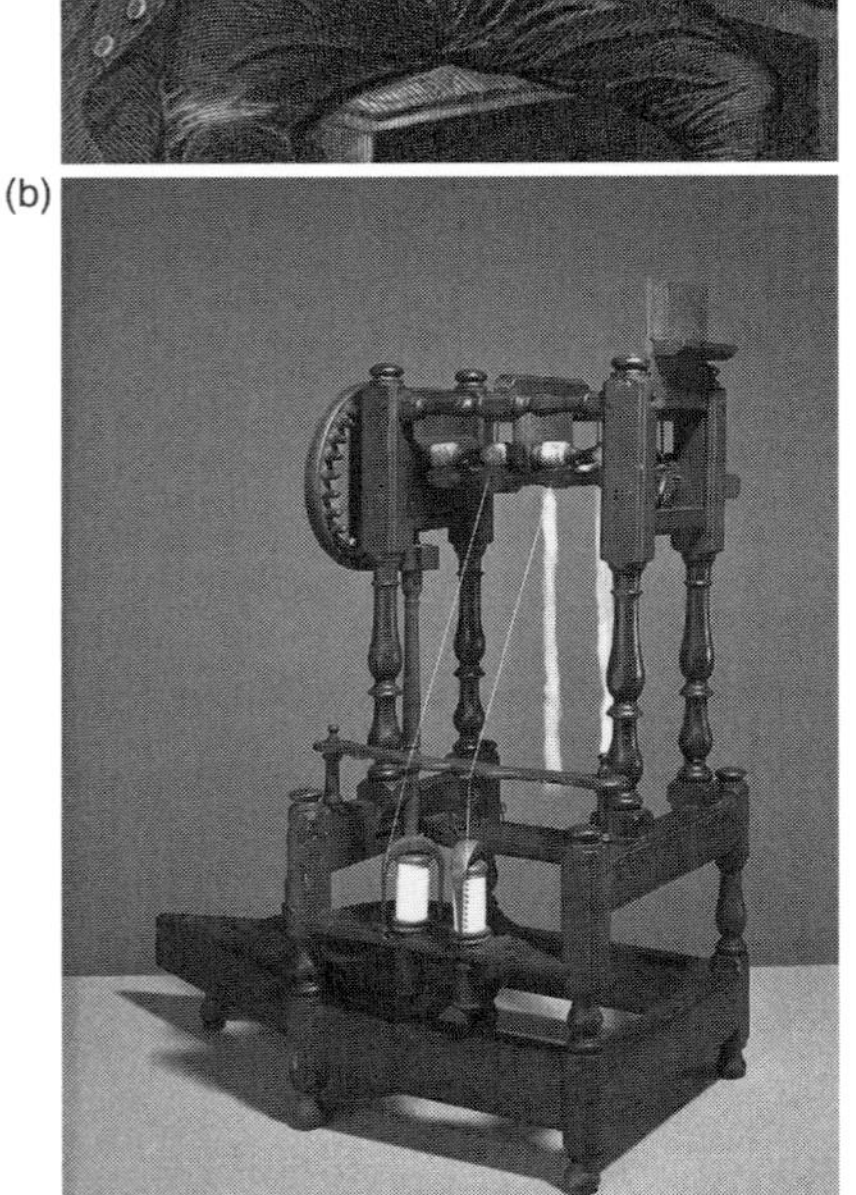

図11　リチャード・アークライト（a）と彼の発明した水力紡績機（b）

下層中産階級と農民の収入は、上流階級と労働者の収入の中間にあった。一八世紀には、下層中産階級の平均的な収入は、平均的な労働者の少なくとも二倍だった。一六八八年、農民というカテゴリーに分類される集団の収入は、労働者の四分の一分だけ多かった。集団としての平均は、小作農や自作農の低水準の所得によって減少した。小規模自作農が消滅するにつれて、集団の平均は一七九八年に労働者の二倍に上昇した。一九世紀前半には、地主階級と資本家の名目所得が下落するにつれて、下層中産階級と農民が急増していった。一八四六年以降、農民は「ハイ・ファーミング」の時代に発展を続けたが、商店主や事務員は所得の減少を経験した。しかし、一般的に彼らの消費水準は余裕のあるものであった。産業革命によって農民は、所得をバスケット四個分からバスケット一二個分へとほぼ三倍に増やした。商店主と事務員は、一六八八年に五個分のバスケットから始まり、一八四六年には一二個分に達したが、一八六七年には七個分へと戻った。これは、熟練職人の所得を上回るものではなかった。

産業革命期には、貧民の所得は緩慢としたかたちではあったが増加していた。一六八八年から一七九八年のあいだは、名目所得の増加または生活水準の上昇はごくわずかなものだった。一八世紀には、平均的な貧民が一年に手にするのは、必要最低限のバスケット一個分だけであった。しかし、一九世紀には貧民の生活が改善され、一八六七年までに貧民はそれぞれの必要最低限のバスケットのほぼ二倍半に相当するものを手に入れた。平均的な貧民層の実質消費が一六八八年から一八六七年のあいだに二・三八倍増加したことは驚くべきことであり、これは同じ期間にイギリス国民全体の平均消費が増加した倍率（二・二六）とほぼ等しいものとなる。

労働者階級の生活水準

最後に労働者階級を扱うことにしたのは、「産業革命を通じて労働者階級の生活水準は上昇したのか、下落したのか、それとも一定のままだったのか」という問いが、この時代にもっとも議論された問題のひとつだったからである。実質賃金が一八五〇年以降に上昇したことには、誰もが同意する。

しかし、一八〇〇年から一八五〇年のあいだに何が起こったのかについては、きわめて議論の余地がある点であり、それ以前に何が起こっていたのかについては、まさしく「謎」となってしまう。

社会統計表は、これらの謎に対する解答を提供してくれる。コラム5は、労働者一人あたりの平均収入が一八世紀前半にはゆっくりと増加し、その後は一七九八年に向けて急速に増加したことを示している。この時期は、イギリスではかなりの賃金の収斂現象がみられた時代であった。それは、概してロンドンや南部に比べて低い水準だった北部の賃金が、南部地方の水準にまで達したことに起因していた。しかし潮目が変化して、一八〇〇年から一八四六年にかけては、労働者一人あたりの収入はほとんど増加しなかった。一八四〇年代はヨーロッパ全土の労働者にとっては困難な時代であり、イギリスの労働者もその趨勢から逃れることはできなかった。しかし、一八四六年以降に彼らの命運は変わり、所得は一八六七年までに一・五倍に増加した。

これらの傾向は、コラム6のように、賃金が生活費の変化に合わせて修正され、一人あたりで表示される場合に強化される。この統計表は、平均的な世帯員がどれだけ消費できるかを示している。注目すべき重要な点のひとつは、国際基準に照らしてイングランドの労働者がどの程度に裕福であったかということにある。イングランドの労働者階級の平均的な家族は、毎年、常に必要最低限のバスケットの三個分以上を手に入れたが、多くのヨーロッパ人やアジア人は、一個分を手に入れることができたら幸運であった。イングランドの労働者は、コラム6に示されているオートミールの量を三倍に増やして消費するのではなく、その代わりに上流階級と同じく消費の水準を上げて、ベーコン、ビール、白パンなどを購入するようになった。

産業革命の開始期にイングランドの労働者は高い生活水準を享受していたが、実質的な恩恵を実感するまでには長い時間を必要とした。一六八八年から一七五九年のあいだ、一人あたりの消費量に変化はみられなかった。しかし、その後バスケット三・二七個分から増大して、一七九八年にはバスケット四・三九個分になった。一九世紀の前半は、労働者階級の一人あたりの消費量が〇・五パーセント減少するなど停滞状態が回帰したが、消費量は全体として二一パーセントほど上昇し、農民と下層中産階級は五〇パーセント以上の増加をみた。一六八八年、平均的労働者の消費量は、全国民平均の六七パーセントとなった。この比率は、一七五九年に六三パーセントに下落し、その後一七九八年には五六パーセントにまで低下し、一八四六年には四六パーセントで底を打った。一八四六年から一八六七年にかけては、一人あたりの消費量がバスケット四・三七個分からバスケット六・二一個分に急増し、四二パーセントの消費の増大を記録した。この期間の労働者階級の購買力の伸びは、全国民平均の一七パーセントを大きく上回り、労働者階級の消費は一八六七年には全国民平均の五六パーセントにまで回復した。

労働者階級内部の格差

この問題に対する考察をここで終えたとすれば、労働者階級の生活水準については楽観的でも悲観的でもない見方ができるだろう。一九世紀前半の平均的な労働者世帯の一人あたりの消費量は、目立って増加も減少もしていなかった。しかし、平均すると、労働者は収入が急速に増加したほかの暮らし向きの良い集団に比べれば後塵を拝していたことになる。こうした結論は、一見すると穏当ではあるものの、この時代の重要な特徴のひとつである労働者内部の賃金格差の劇的な拡大を無視しているため、かなり楽観的すぎるものとなる。拡大を続ける近代的産業部門で働く人びとは、暮らし向きが良いことが多かった。その一方で、手工業部門の労働者はかなりひどいものとなった。後者は深刻な困窮を経験していた。こうした展開は、平均的な歴史像では完全に曖昧にされている。実際のところ、平均値をとることの狙いは、高値と底値を相殺することにある。

ランカシャーの労働市場では、格差の拡大を見て取ることができる。図12は、一七七〇年から一八五〇年までの建築労働者、農業労働者、手織工の実質所得を描いたものである。

最初期においては、これらの集団間の収入の差は少額であった。すべての職業の収入はバスケット二個分弱で、もっとも高い賃金を受け取った建築労働者は、もっとも賃金が低かった手織工よりも四〇パーセントほど高い収入しか得ていなかった。手織工は、一九世紀の第1四半期に短い黄金時代を経験する。その時代の手織工の収入は、バスケット四個分近くにまで急増した。しかし、一八四〇年までに、その収入はどうにか生存の維持が可能なレベルにまで落ち込んだ。その時期には、建築労働者は手織工の三倍もの収入を手にしていた。農場労働者は中間の地位を占め、この期間を通じて実質賃金のわずかな上昇を実現したにすぎない。明らかな勝者は建築労働者であり、その実質所得は一八

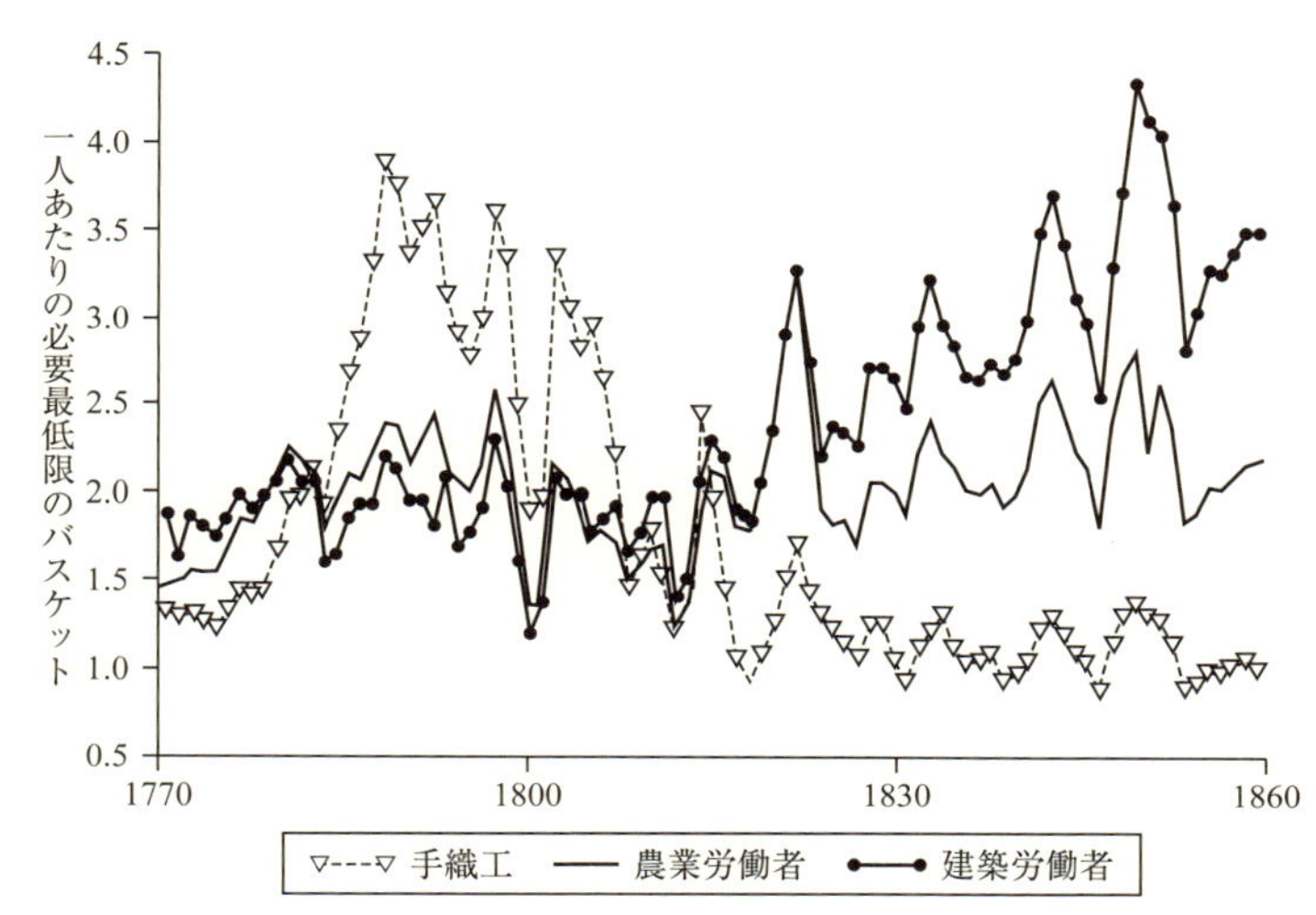

図12　ランカシャーの実質賃金

五〇年までに二倍になった。農場労働者は落伍者となり、大いなる敗北を喫したのは手織工であった。

一八二〇年には、手織工は男性労働力全体の一〇パーセントを占めていたため、彼らの運命それ自体が重要な意味をもった。しかし、それは彼らだけの問題ではなかった。私たちは、同じような物語に何度も遭遇することになる。つまり、以前は熟練職人が手作業でおこなっていた仕事をするために機械が発明された、というものだ。そうした技能をもつ人びとは、効率を増した機械との競争によって収入が減少したにもかかわらず、その職業を続けざるをえなかった（結局のところ、それが彼らにできる精いっぱいのことだったからだ）。彼らは貧困に陥り、最終的にその職種は消滅していった。靴下編み工やレース編み工などが、その事例である。

一五八九年にウィリアム・リーは、靴下を編む機械を発明した。それは、操作する者によって動力を供給され、初期の紡績機よりも多くの可動部分があり、かなり複雑なものとなった。狭い枠組みの編み機では、一週間に一二足の靴下を生産できたが、広い枠組みの編み機では一日で同じ数の靴下を生産することができた。一八四四年、イギリスには約五万台の編み機が存在した。編み機には多くの改良が加えられ、より複雑な模様を編むことができるようになった。

枕のレース編み業は、独立した産業だった。これは編み物職人の家でおこなわれている家内工業であり、何千人もの女性の生活を支えていた。

もともとこれらの産業は別個のものであったが、発明家たちがレースを編めるように靴下の枠組みを改良しようとしたため、その運命は複雑に絡みあった。これは難しい問題であり、一八〇九年にジョン・ヒースコートによって初めて解決された。最初は機械で編まれたレースは粗雑であったが、時間の経過とともに製造工程が改良され、より高品質のレースをより低価格の費用で編むことができるようになった。一九世紀初頭、女性は台まくらの上で無地の布に一分あたり五つの網の目を織ることができ、レースの費用は一平方ヤードあたり一〇〇シリングであった。一八五〇年代の蒸気を動力とする機械は一分あたり四万の網の目を編むことができ、レースの価格は一平方ヤードあたり六ペンス（十進法以前のイギリスの通貨）にまで下落した。こうした競争に直面して、枕レース編み工の収入は壊滅的な打撃を受け、最終的にはもっとも貧しい女性ですら機械と競争することは無意味になった。一八六〇年までに、レース編み機の九〇パーセントは蒸気機関を動力とするようになった。それらは、労働組合を結成して高賃金を得ていた男性たちによって操作されていた。女性たちが農家でレースを製造していた時代は、過去のものとなったのである。

靴下を編んだ男たちの運命も不幸なものとなった。編み枠の操作方法を学ぶのはそれほど難しくなかったので、手織職人などの仕事を追われた男性たちは靴下産業に従事することになり、そこでの収入は減少した。一八四〇年代までに貧困が蔓延していった。こうした状況は、蒸気機関の工場が古い編み枠を代替したときにのみ改善された。マーク・イザムバード・ブルネルは一八一六年に蒸気を動力とする編み機の特許を取得したが、成功は収めなかった。一八三〇年代に丸編み機械が開発され、一八四七年にマシュー・タウンゼントが「べら針」を発明してから商業的に利用されるようになった。ウィリアム・コットンの最初の特許は一八四六年に取得され、その後二五年間に、さらに六件の特許が取得された。彼は一八五三年に工場を開設し、ニットの織物や編み機を販売した。蒸気を動力とする工場が急増し、手作業よりも生産性がはるかに高く、賃金も上昇した。

近代的な団体交渉も一八六〇年代に発展した。

作業工程がつぎつぎと機械化されるにつれて、手作業の労働者は自分の産業が機械化されたため、あるいは別の産業が機械化され、そこでの労働者が自分たちの産業に追いやられたために、所得の減少を経験した。手工業部門の労働者は、全体として収入の減少に苦しんだ。労働者階級の平均賃金は、手工業部門が工場生産に取って代わられるまで上昇しなかった。

教育

所得は生活水準を示すひとつの指標にすぎない。教育はもうひとつの指標となる。第2章でみたように、産業革命前夜に、イングランドは識字率においてほかの国に先行する存在であった。少年たちは村の学校で二年から三年間を過ごし、読み書き、算数を学び、その後に徒弟奉公の六年間を経験するのが一般的だった。この教育と訓練のシステムは、産業革命の基礎となった広範な機械の発明をおこなう才能の育成に貢献した。産業革命の初期を通じて、肉体労働者の平均収入が一定だったのと同様に、彼らの平均的な学力も一定だった。読み書きできる人の割合は約五〇パーセントという状態であった。

問題は、教育というものが少年少女を雇用する製造業者の要請と矛盾していることにあった。一八三〇年ごろの綿業では、約八万五〇〇〇人の児童が雇用されていた。その多くは、切れた糸をつなぎ合わせる「つなぎ職人」であり、それ自体は不可欠な仕事であった。製造業者は投票できたが、労働者は投票できなかったため、国家は学校教育よりも「縫い合わせ」のほうを重要とみなし、国家が財政支出する国民皆教育制度の実施は延期された。さらに、イングランド国教会は、国民皆教育が宗教離れを促進することを恐れた。教会は、教育を供与する権利については主張したが、ほとんど何もしなかった。一八五〇年と一八五一年の合衆国とイギリスの国勢調査では、ほとんどの若者が両国で学校に通っていることが判明した。しかし、アメリカ人の生徒は全員が全日制で学校に通っていたが、イギリス人の生徒の半数は日曜日のみ学校に通い、それは唯一の仕事のない日であったからだった。ウィットニーの毛布製造業者であるエドワード・アーリーは、「毎週日曜日に四〇〇人から五〇〇人の児童の教育を視察しており、一〇〇〇人以上の児童が、毎週日曜日に学校で読書を教えられ、土曜日の夜に作文を教えられている」と述べたが、それらは丸一日の工場で労働を終えたあとのことであった！

イギリスの教育政策は、イギリスの労働者の知的発達を制限することで彼らに損害を与えただけでなく、将来の経済的問題を拡大させることにもなった。一九世紀後半の新技術には教育を受けた労働力が必要であり、イギリスは国費によるさらに大規模な教育制度をもっていたドイツやアメリカ合衆国の後塵を拝した。教育を受けた労働力への需要は増大していたが、雇用主の抵抗を克服し、「縫い合わせ」よりも学校教育の優先順位を高めるには、一八八四〜五年の第三回選挙法改革が必要であり、この法律によってその対象範囲は男性の三一パーセントから六三パーセントにまで拡大された。

健康

産業革命期のイギリスで平均的な健康状態が改善されたという証拠は、たとえあったとしてもほとんど存在しない。しかし、所得と同じく健康状態における格差が拡大している証拠は、かなりの数で存在している。

健康状態のもっとも基本的な指標は生存していることであり、これは出生時の余命の期待値によって測定される。一五四一年以来の利用可能な毎年の測定値によれば、一八五〇年ごろまでは傾向のないパターンを示し、平均余命は三五歳から四〇歳のあいだを変動している。このような数字は、四〇歳を超えて生きた人間がほとんどいなかったことを意味すると解釈すべきではない。逆に、多くの人が四〇歳よりもずっと長生きをしていたが、人口の約四分の一が五歳の誕生日を迎える前に死亡したために、平均余命が低かったことが原因となる（もし半分の人が最初の年に亡くなり、残りの半分が八〇歳まで生きた場合、平均余命は四〇＝（〇＋八〇）／二になる）。一八五〇年以来、平均余命は着実に上昇し、現在の水準に達している。豊かな国では、それは八〇歳を超える。ただし、これらの進歩は産業革命後にもたらされたものだった。

どの集団の経験も画一的なものではない。貴族によって編纂された家系図により、その出生率と死亡率を再構成することができ、重要な対照を示している。一五四〇年から一七四〇年の間、貴族の平均余命は全国民の平均とほとんど変わらなかった。当時、貴族階級の食糧の消費量と住居は平均よりも高い水準にあったが、それが感染症に対して特別な安全性の確保につながったことはなかった。しかし、一七四〇年以降、彼らの平均余命は着実に伸びて、一八六七年ごろには六〇歳までになった。彼らがこれほど長生きするために何をしたのかについては、明らかではない。

ほかの集団は、それほど幸運には恵まれなかった。都市部の住民はとりわけ劣悪だったと言える。

一九世紀前半に、大都市の平均余命は三〇歳から三三歳ほどだったが、農村部に住む平均的な住民は、それより一〇歳程度も長生きした。こうした差異は産業革命以前から存在していた。人間や産業の廃棄物は、汚水溜めや側溝に流れ込み、水は井戸、小川、河川から摂取されるので、都市は常に断末魔の状態にあった。井戸は汚水溜まりによって汚染され、水系伝染病が住民のあいだで広まり、多くの死者が発生した。いたるところで石炭が燃やされているので大気の状態が悪く、それが呼吸器疾患を悪化させていた。さらに、都市の過密状態は、結核を含む空気感染症の蔓延を促進していった。

これらの問題は、上下水の処理システムが構築されるまで克服されず、それが実現したのは一九世紀後半になってからであった。

産業革命期に都市に住む人口の割合が増加し、それ自体が全体の死亡率を押し上げていた。農村部の領主館に住む貴族は、農村部の不動産を購入した銀行家、弁護士、実業家と同じく、こうした状況を免れることになった。

都市に住む労働者たちは逃げることができずに、幼い子どもたちが亡くなり、その代償を支払うことになった。

都市化が死亡率を押し上げているのに、なぜに産業革命後も平均余命が一定だったのだろうか。その答えのひとつは、一九世紀前半に下層中産階級が実現した所得の増加にあるのかもしれない。彼らは急速に拡大する大規模な集団であり、都市にも住んでいた。彼らの所得は労働者よりも高い水準にあり、一七九八年から一八四六年にかけて非常に急速に増加していた。より多くの貨幣賃金によって、より良質の食糧を購入し、より良質の住宅を借りることができ、それらの利点が感染症を防ぐのに役立った可能性がある。その場合、収入の差が生死の差に反映されることになった。

身長を研究することで、さまざまな史料をもとに健康の問題にアプローチすることができる。第2章では、一八世紀末にイギリスの労働者がヨーロッパでもっとも身長が高かったことを検討した。しかし、彼らは産業革命のあいだにその体格を維持できなかった。イギリスの労働者の平均身長は、一九世紀前半に低下する。これは労働者一般、とりわけ大都市の労働者に当てはまる。この発見は、おそらく同様に発生した死亡率の上昇と論理的一貫性がある。身長を示す史料は、産業革命についての悲観的な解釈を裏づけている。

中産階級の身長についてはあまり知られていない。ひとつだけ確かなことは、彼らは下層階級よりも背が高かったということにある。一八七〇年代に、イギリス科学振興協会は、イギリス人の身長と体重の調査を委託された。多くのデータが収集されて、老若男女について同様のパターンが明らかになった。たとえば、土地所有階級および専門職階級の二五～三〇歳の男性の平均身長は六九インチであった。事務職員や商店主の平均身長は六八インチだったが、農業労働者では六七・五インチに下がり、つぎに都市部の熟練職人では六六・五インチとなった。都市部の工場労働者は、六五・五インチでもっとも身長が低かった。

上流階級は体重の面でも体格が良かった。二二歳の男性を例にとった場合も同じ傾向があり、上流階級の一五二・八ポンドから都市部の下層中産階級の一四五・五ポンド、都市の熟練職人の一三八・

六ポンドと推移していく（農場労働者は、この傾向に反するもので、体重は一五〇・六ポンドであった）。中産階級の身長が時間の経過とともにどのように変化したのかについては、あまり明らかになってはいない。

「創造的破壊の力」〔「疾風怒濤」〕

産業革命期に農民や地主に支払われる国民所得の割合が減少したのは、驚くべきことではない。だが、なぜ労働者は資本家の後塵を拝したのか、そしてなぜ一部の労働者がほかの労働者よりもはるかに暮らし向きが良くなったのだろうか。これらの疑問に対しては、四つのアプローチが存在する。

最初のアプローチは、自然現象とナポレオンが、すべて不運だったと主張する。フランス革命からワーテルローまでのフランスとの戦争によって、イギリスと大陸間の貿易が途絶した。イギリスの不作により、イギリスの穀物価格が高騰したが（第5章、図14の急騰を参照）、食糧の輸入によってそれを相殺することは、戦争が原因となりできなかった。食糧価格の高騰は、実質賃金の伸びを抑制し、窮乏状態を生み出した。イギリス社会には、根本的に何の問題も存在せず、問題は何よりも不運によるものだったとされる。

この解釈のひとつの難点は、貧困がワーテルローのあとも長く続いたことにある。二番目のアプローチは、この疑問を検討している。このアプローチでは、貧困の原因をイギリスの国制の非民主的性格にあると考えている。議会はジェントリと貴族によって支配されており、彼らはこの権力を自分たちの利益を増進するために利用していた。たとえば、ヨーロッパの安価な穀物の輸入を防ぐために、穀物法が一八一五年に可決された。イギリスでは、労働者を犠牲にして食糧価格の高騰が人為的に継続させられた。一八三二年の選挙法改革によって議会における商業利害の代表が増大したあとでさえも、議会は富裕層の代表であり続け、一八三四年の改正救貧法のような法律を制定し、貧民への所得補助を削減して労働者に不利益をもたらした。この見解では、産業革命による格差の拡大の原因は非民主的な政治にあった。

労働者の利害に反する諸立法は、労働者の生活水準を抑制する役割を果たした可能性があるが、主要な社会科学者らは、この時代の社会のより基本的な特徴を強調した。マルサスの人口論は、所得分配の傾向を説明するための第三のアプローチとなる。マルサスは、上流階級のお気に入りの存在であった。なぜなら、彼は格差の拡大の責任を、改革や廃止が必要かもしれない経済制度や政治制度の失敗ではなく、労働者の生殖をめぐる慣習にあると非難したからである。マルサスは、イギリスのように所得が必要最低限を上回れば、出生率は上昇し、死亡率は低下し、人口爆発が起こって、賃金が生存維持の水準に戻るだろうと想定した。貧民に余分な金銭を与えるだけでは、救貧は問題の解決策にはならない。それは、人口増加を促進し、最終的には賃金を抑えることになるからで、賃金と貧民救済の合計が必要最低限に等しくなるまで引き下げられることになる。どんなに経済成長があったとしても、長期的には実質賃金が上昇することはなく、成長による利益はすべて土地所有者のところにもっていかれてしまうからだ。

マルサスの人口論は非常に影響力をもった。有名な哲学者で経済学者であるジョン・スチュアート・ミルは、若いころにマルサスの教えを受け、それがミルを直接的な行動に導いていった。すなわち、一八二四年、一八歳のときにミルは、ロンドンの貧民に避妊に関する文書を配布したとして逮捕されたのである。

マルサスは社会改革に反対する論拠として、一九世紀には際限なく引き合いに出された。だが、歴史的記録は彼の理論を支持するものではなかった。彼の時代より前の数世紀には、彼の見解を支持する証拠はあるが、過去二世紀の人口の歴史は、人口動態が、彼が想像したよりもはるかに複雑であることを示している。一八五〇年以降の人口に関するもっともよくみられる一般化は、所得の増加には出生率の低下がともなうというものであり、マルサスの予測した事態とは正反対のものとなる。したがって、彼の人口論は、産業革命期の所得配分を説明するための確固とした論拠にはならない。

第四のアプローチは、カール・マルクスのものであり、彼も経済成長にもかかわらず、賃金は生存維持の水準にとどまるだろうと予測する別の理論を提起した。マルサスが労働力の供給を研究したのに対し、マルクスは労働力の需要に焦点を当てた。マルクスは、技術の変化が人びとを慢性的に失業させるだろうと考えた。この「失業予備軍」による仕事を求める競争によって、賃金は必要最低限にとどまることになる。市場経済のもつ競争圧力によって、すべての資本家は革新を続けるか、競合相手が生産性を高めることで倒産に追い込まれる。それがもたらした二つの結果とは、（一）継続的な革新により労働者一人あたりの生産量が増加することと、(二) 利潤のすべてが資本家と地主に分配され、実質賃金は停滞すること。これらの結論によって、マルクスは資本主義が最終的には社会主義に取って代わられ、労働者が最終的に経済発展から利益を得られるようになる、と考えた。

マルクスは、とりわけ彼の予言を含めて、多くの点で間違いを犯していた。それにもかかわらず、彼の作品には貴重な知見も含まれていた。技術に関連するもののいくつかは、オーストリア系アメリカ人の経済学者ヨーゼフ・シュンペーターによって、彼の有名な「創造的破壊」論で発展させられた。シュンペーターは、資本主義が引き起こす重要な競争は、同じ製品を生産する同じ業界の類似の企業のあいだではなく、むしろ根本的に新しい工程や生産方式の導入によるものであることを強調した。

資本主義のエンジンを起動し、その運動を継続的にする基本的衝動は、資本主義的企業の創造に関わる新消費材、新生産方法ないしは新輸送方法、新市場、新産業組織形態からもたらされるものである。……内外の新市場の開拓および手工業的な作業場や工場からUSスチールのごとき企業にいたる組織上の発展は、……絶えず古い構造を破壊し新しい構造を創造して、内部から経済構造を革命する産業の突然変異の同じ過程を例証する。この「創造的破壊」の過程こそ資本主義についての本質的な事実である。

産業革命は、この変化のパターンの例証となる。産業革命に先行するかたちで、農村工業での生産が拡大した。これまでみてきたように、革命化されるべき最初の活動は紡績工程にあった。農村工業部門が限界まで拡大して、賃金が限界まで高水準になると、工場生産様式の発明に対する誘因（インセンティブ）が発生したのである。

この新しい生産システムは、農村工業での生産様式が拡張されて、それに取って代わるなかで、農村工業を破壊していった。「進歩は、新商品や新生産方式の競争に直面する階層における資本価値の破壊をもたらす……」。「資本価値の破壊」とは、時代遅れの紡車が納屋の奥に投げ捨てられることだけでなく、それらを操作する技能をもつ女性が、もはや生計を立てられなくなったことを意味していた。彼女らの所得は、機械との競争に直面して壊滅的な打撃を受けた。このことは、第2章でウィットニーに毛布を織るための糸を供給していたコッツウォルズの村落の事例で検討しておいた。これはイギリスでは共通してみられる問題であった。紡績工は、技術による大量失業の最初の事例となった。こうした収入源の喪失が、一八世紀後半の困窮化を押し進めていった。それは、多くの家族がもはや「恥ずかしくないバスケット」を手に入れることができずに、パンや牛肉ではなくオートミールやジャガイモで生活をしのがなければならなかったことに起因する。

力織機の領域は、またしても既視感を覚えるものとなる。新しい綿工場からの安価な糸の供給は、糸を布に変える手織工の拡大につながった。織布部門が拡大するにつれて、手織工の収入が増加し、発明家らは力織機を制作して高価な労働力を節約しようとするようになった。ひとたびそれに成功すると、手織工は破滅する運命に置かれた。力織機は一八三〇年代から一八四〇年代にかけて改良が加えられ、生地の価格を容赦なく引き下げていった。布を機械で織るのは手で織るよりも労働時間が短くなり、農村で織る男性の代わりに女性を織工として雇用することで、費用がさらに削減された。手織工の収入は、織った長さによって代価として支払われ、生産性が上がらなかったため、それに応じて減少した。二五万人の手織工のあいだでは貧困が拡大し、徐々にほかの仕事に就かざるをえなくなり、そこでは元手織工たちとの競争が賃金を引き下げる圧力となった。ここでも進歩は、貧困をともなったのである。

技術革新は、すべての手工業部門の職種において同じ理由で同じ方向に進化し、同じ結果をもたらした。イギリスで産業革命が起こった大きな理由は、イギリスが一七世紀から一八世紀初頭にかけて非常に大規模な手工業部門を発展させたことによる。これは高賃金経済につながり、工場や資本集約的な機械全般の発明を促していった。手工業部門が非常に大きかったため、生活水準の問題が先鋭化して、労働者階級の生活水準は長期間にわたり停滞していった。明らかに、特定の職業が機械化されると、その系列に属する部門の収入は減少し、その減少自体が労働者の平均賃金を下方に硬直化させていった。さらに言えば、職を失った労働者は、ほかの場所で職を探し、競争が経済全体の賃金を圧迫した。伝統的な製造業は、一九世紀半ばになるまで一掃されることはなかった。賃金が全体的に上昇しはじめたのは、その時代になってからのことであった。シュンペーターの分析の特質のひとつは、産業革命の二つの側面を結合させている点にあった。つまり、進歩は「創造的」な結果であり、貧困は「破壊的」な結果なのであった。

第5章　改革と民主主義

産業革命は社会に緊張を創り出し、同時代の政治をかたちづくる現実的な問題を提起して、社会的・文化的な生活のほとんどの側面に影響を与えた。多くの評論家は、アダム・スミスの経済学で示された三階級モデルで社会を分析した。あらゆる価格が、地代、労賃、利潤の三部分に、直接的ないしは究極的に分解されていくことになった。その結果、

複雑ではあるが、あらゆる国の労働の年間生産物は、同じ三部分に分解させられねばならなかった。そして、労賃、株式からの利益、土地の地代など形態はことなれ、一国の多様な人口のあいだで分配されねばならなかった。

社会を三つの階級に分割することは、非常に効果的な単純化である。だが、そうした集団の内部には、考え方と行動の面で異質なものが存在することを忘れてはならないだろう。それどころか、それらの性質は産業革命期を通じて変化していたのである。どのようにして、いつ、そうした事態が発生したのかは、歴史的な問題となる。あらゆる出来事において、土地所有者、実業家、雇用者は、三階級モデルが提供するほかの集団と競合する共通の経済的利害をもつ集団の一員である、と認識するようになった。

一七八九年以前

近代の工場制工業は、フランス革命以前から開始されていた。しかし、経済全体へのその影響はわずかなものであった。一七九〇年には、当時の主要な工場である綿工場での雇用は八万人程度にすぎず、職業人口の二パーセント以下だった。多くの労働者は、枕のレース編み工や手織工など農村工業での独立小生産者であった。農業が依然として国民総生産（ＧＤＰ）の三分の一を占めていた。イングランドは工業化以前の社会であったが、逆の発展の萌芽が示されつつあった。女性労働力人口のほとんどが綿工場に供給されており、彼女たちは手作業の紡績工として雇用され、農村の貧困が同時に増大するなかでは失業の状態にあった人びとだった。くわえて綿工場は、突出したかたちで児童を大規模に雇用していた。一九世紀には、児童の雇用が工場への法的規制の問題を惹起することになった。

一八世紀の経済生活は、中世やエリザベス一世の時代から継承してきた法的な枠組みで遂行されていた。一二六六～七年の穀物や酒類の公定価格制度のような法制度が、市場での食糧の販売を規制して価格の高騰や投機行為を防ぎ、治安判事に価格を設定する権限を与えていた。一五六二年の職人規制法は、ほとんどの職種において賃金を設定する権限を付与していた。一六〇一年の救貧法は、教区に貧民を救済することを求めていた。

「わが国の国制の原理は、理論的には不完全でも、現実には効率的なかたちで財産所有者を代表することになる」。一八世紀においては農業地代が、ジェントリ、貴族、聖職者によって受け取られていた。それは国民所得の約六分の一にまでなる。そしてこの集団は、資本家や労働者に比べて高い水準の平均所得を稼いでいた。財産の分布にしたがって、権力の配分がおこなわれていたのである。地方レベルでは、地主層が村落を支配して、その見返りに支配への合意を獲得していた。全国的にみれば、議会は土地貴族を代表していた。貴族院は、大規模土地所有者からなる世襲貴族が支配する立法府であった。土地所有者はまた、庶民院も支配していた。その選挙区のほとんどが農村部にあり、ほとんどがごく少数の有権者しかいない「腐敗選挙区」で、村落を支配する土地所有者が議員を実質的に指名して選出した。議会は、一七世紀の内戦後と一六八八年の名誉革命後に優越的な統治機構となった。

土地所有者が権力を行使する方法には矛盾があった。一方では、彼らは全国民を支配していると考えており、たとえ議員を選ぶことができなかったとしても、誰もが議会に「実質的代表」をもっていることになった。また彼らは、貧民の福祉に対して家父長的な義務を負っていると考えられていた。他方で、彼らは、土地所有者の職務に対する王権の介入には徹底的に抵抗し、議会の権力を使ってみずからの利害を増進しようとしていた。穀物規制、賃金規制、貧民救済などはすべて、貴族の利害にとっては阻害要因でしかなかった。それらは、産業革命期を通じて、無視され、廃棄され、弱体化された。土地所有者は、私的立法を通じてみずからの利益を増大させていった。開放耕地の囲い込み、運河や有料道路（良質の道路で通行料金を取った）の建設などの土地の価値を吊り上げるすべての変更を立法化した。そうした法案の提出は、製造業や商業利害に利益をもたらし、暴徒に直面したときの製造業利害を含めて、国家の財産権保護への熱意をも示していた。

政府支出のほとんどは、陸軍と海軍に投入された。軍事力は、イギリス帝国を拡大し、海外でのイギリスの商業的権益を増大していった。航海法が意味したのは、帝国のもたらす貿易と市場がイギリスの商人と製造業者に確保されたことだった。資本家は議会では代表されていなかったが、議会が追求する政策はおおむね資本家の利害に沿ったものだった。したがって、資本家と土地所有者とのあいだで利害の矛盾はほとんど自覚されなかった。

しかし、労働者と土地所有者や資本家とのあいだには利害の対立があった。論争は、全国的な大衆運動というよりもローカルで発作的なものとなった。紛争は、土地所有者と企業家によって支持される変化と、労働者と小規模土地保有農によって支持される伝統の踏襲をめぐるものであった。民衆の不満は、ひとたび工場での被雇用者となることで労働者の道具となったストライキや大衆的政治運動というよりも、地方の暴動によって表出された。

開放耕地の囲い込みは、紛争の大いなる原因となった。イングランドの約五分の一は、一八世紀と一九世紀初頭に議会立法で囲い込まれた。囲い込みは、借地人からの地代の増加を切望する大規模土地所有者によって推進された。地方で世論が協議されるとき、「意見への同意は、多数決によるものではなく影響力によるもの」であった。議事録に記載されるのは、各人の土地保有の規模だったからである。議会の審議過程は、大規模土地所有者が小規模土地保有者からの反対を押し切ることを可能にした。囲い込みは、多くの農民の利益となる共同放牧権を消滅させることがままあった。

農民は法的に規定された権利の消滅に対する補償を受けることがあった（議会は熱心に小規模所有者と大規模所有者の法的権利を保護した）一方で、多くの伝統的な慣習が補償もなく終焉した。平均すれば、多くの民衆が囲い込みによって土地を失ったが、彼らは〔議会の〕囲い込み委員会に抵抗して、ときには暴動に立ち上がることもあった。しかし、広範な共通利害の認識を表出する統制された全国的な抵抗運動は存在しなかった。

食糧暴動はまた、飢饉や穀物価格の高騰の時期にはよくみられるものとなった。それらは、一八世紀の特殊な状況を反映したものであり、ほとんどの民衆は労働者か職人で、彼らは食糧を購入していた。彼らは、価格の高騰によって耕作人のように利益を得るというよりも被害を受けていた。投機行為、価格操作、隠匿行為などへの統制をおこなう国家規制には長い伝統がある。凶作の時期には、村落の住民は、地元の家父長主義的な治安判事や保安官などの暗黙の支持を取りつけて直接行動に立ち上がり、農業経営者や商人などによる食糧の隠匿を発見して、地元の市場で平時の価格で販売することを強制した。「群衆のモラル・エコノミー」は、伝統的な家父長主義と調和するものであった。一七六六年にウィットニーの織布工は、農業経営者が価格を下げなければ一揆をおこなうと脅迫して、実際に一揆を実行に移した。

機械の打ち壊しは、伝統的な慣習を支持する直接行動の形態であった。たとえば、靴下編み工は、技術の進歩には両義的な態度をとっていた。発明家が歓迎される場合とは、より価値の高いリボンの靴下などの製品の生産を許可したときだった。しかし、雇用を脅かすときには抵抗を受けた。機械の打ち壊しには別の目的もあり、それは「暴動による団体交渉」として定義されてきた。ノッティンガムにおける波状的な機械の打ち壊しは、一七八八年の「靴下編み保護法」に帰結し、それは機械の破壊をオーストラリアへの流刑をともなう処罰可能な犯罪にしていった。一七七九年に機械の打ち壊しをおこなったネッド・ラッドにちなんだラダイト運動は、ノッティンガムの機械を壊滅させた。バイロン卿は、貴族院での最初の演説で、機械の打ち壊しを技術変化に対するひとつの反応と解釈した。

大量の労働者を雇用する必要性を取り除く点において、彼ら「所有者」にとっての機械は利益であり、結果として労働者は窮乏化していきました。とりわけ一つの編み枠の採用によって、一人の人間が多様な仕事を遂行することが可能になり、余剰労働者は雇用から締め出されることになりました。

バイロンの介入によっても、死罪にまで厳罰化した一八一二年の「靴下枠編み破壊法」の議会通過を阻止することにはならなかった。機械の打ち壊しは、ウェストライディングやランカシャーで手織工にまで拡大して、彼らは破壊している力織機によって雇用が脅かされていると確信していた。機械の打ち壊しは、機械化が雇用を脅かすとふたたび登場した。一八三〇年のイングランド東部でのキャプテン・スウィング暴動では、農業労働者が農業での雇用を失わせる脱穀機を破壊していった。ラダイトたちは非合理的な進歩への敵対者と想像されるが、手工業の労働者は長期的にも力織機の発明によって利益を得られなかった。したがって、機械の打ち壊しの試みは意味をもっていたのである。

フランス革命とナポレオン戦争

産業革命は古い社会を根元から掘り崩していったが、フランス革命によって世論は分裂していた。こうした状況は、さまざまな思想を具体化していた新しい挑戦を放棄させていった。フランス王政は打倒され、短期間ではあるが民主的な共和制に置き換わった。国王や多数の貴族が断頭台に送られ、封建制度は廃止された。新たな宗教が宣言された。大きな問題となったのは、イギリスが同じ道を歩むのかということにあった。

フランス革命は、イギリスでも民主制がより良い世界を創り出すと信じる多くの支持者を見いだした。もともと、革命支持者には富裕層が多く含まれていたが、革命が残虐さを増すにつれて、その熱狂は色あせていった。

革命は、支持者と批判者のあいだのパンフレット論争を引き起こした。トマス・ペインの『人間の権利』は、もっとも広く読まれた革命支持のパンフレットであった。その主張は独創性をもつものではなかったが、力強く宣言された。そのパンフレットは労働者階級の立場を強力に支援するものだったが、完成品にはほど遠いものだった。政治的な水準では、人民が生命や自由についての基本的な自然権をもち、そうした権利を蔑ろにする政府を転覆することができる権利を常に保持するという見解を、ペインは支持した。政治犯が投獄されていたパリの牢獄バスティーユは、革命を正当なものとしたフランス王政の専制を象徴していた。経済的な水準では、同じくペインは反貴族的であった。彼は、自然の産物である土地は、少数の手に属するのではなく、すべての人びとに属すべきであると信じていた。一八世紀に土地所有は、独立の基盤として考えられていた。しかし、ペインは、年金や社会福祉のために大土地所有の解体を唱えていたのではなく、地代に対する累進的な課税を提案していた。

『人間の権利』はおよそ一〇〇万部が販売され、コーヒーハウスでは声高に読み上げられた。したがって、多くの人が彼の言葉を耳にしたに違いない。普遍的権利、民主主義、農業地代の社会化などは、多くの労働者階級のみならず中産階級の読者にも訴えるものとなった。それは、不平等が工業ではなく農業地代に起源をもつ世界に対する応答なのであった。したがって、工場労働者だけではなく職工や靴下編み工にも訴えたのである。自律的な熟練職人は共和主義的な方向に重心を移していき、親方に言われたとおりに働くような雇われ人を賃金奴隷として描き、独立自営の熟練職人を真に自由な存在として理想化したのである。職人は、月曜日を非番にして聖月曜日を祝うことができたのに対して、工場労働者にはそれができなかった。ウィットニーの織布工が一九世紀初頭に独立職人から工場労働者へと変化していったとき、指導的な雇用主であるジョン・アーリーは、「職人たちが時間に関して規制を受けることに嫌悪感を示していた」と観察している。織工のリチャード・オズボーンは、「月曜日には日中までうろつくものもいれば、火曜日になって仕事に出るものもおり、土曜日の午後は働かないものもいた」と付け加えている。仕事をサボる労働者は、罰として出勤停止となった。そうした労働者にとって、理想的な社会とは自由市場で仕事をおこなう独立した職人からなる平等主義的な社会であった。

そうした見解は広範な支持者を獲得した。ロンドン通信協会が一七九二年に設立され、民主主義を求めて地方の支部が設立された。上流階級は恐怖で戦慄することになった。

もしペインの扇動によって下層階級が決起したならば、彼らの介入は野蛮な所業として特徴づけられるであろう。私有財産であれ、社会の自由であれ、いま私たちの所有するものすべてが、無法な烏合の衆たちのなすがままとなってしまうからである。

ペインは王権と政府を批判したことで「扇動罪」に問われ、有罪とされ、死刑の判決を受けた。しかし、彼は逮捕されることはなかった。反体制派には、さまざまな弾圧が加えられた。新聞に対する印紙税は、一七八九年から一八一五年にかけて一・五ペンスから四ペンスに段階的に引き上げられ、政治的な議論を富裕層のものに限定していった。裁判なき勾留が制度化され、多くの急進派は刑法犯として告発された。一七九九年と一八〇〇年の団結禁止法は、労働組合や団体交渉を禁止した。あらゆる民主主義的攻勢に対して、古い秩序が防衛されたのである。

一八一五～三二年

一八一五年におけるナポレオンのワーテルローでの敗北によって、二〇年にわたる政治的ならびに経済的な不安定化が始まった。続く五年間は、労働者にとっては困難な時期だった。何十万人もの兵士と水兵の復員は、国民所得の落ち込みに結びつき、失業の拡大へとつながった。愛国主義的な熱狂が減退し、貧困が拡大すると、議会改革への要求が増大した。その結果として、五年間にわたる労働者階級による選挙権要求の運動が出現した。

大衆集会が開かれ、普通選挙権を求める請願を支持した。このことは、上流階級にとっては革命のように映った。その頂点が一八一九年の改革を支持するためのマンチェスター郊外の集会となり、六万人にいたる民衆が集結した。マンチェスターの義勇騎兵隊は、群衆を襲い、一一人のデモ参加者を

図 13　ピータールーの虐殺（ジョージ・クルックシャンクによる風刺画）

殺害した。これがピータールーの虐殺である（図13を参照）。

五〇〇人以上の政治集会を禁止した扇動集会法を含んだ弾圧六法で、政府は民衆運動を弾圧しようとした。民主主義を求める民衆運動は、一〇年間にわたって弾圧されることになった。

労働者階級だけが選挙改革を求めたわけではない。中産階級は、貴族の利己心の象徴である一八一五年の穀物法などの諸立法に立腹していた。

イギリスと大陸との貿易は、しばしば一七八九年から一八一五年にかけては戦争と大陸封鎖によって不可能になっていた。穀物の輸入は限定されていた。図14が示すのは、〔穀物〕価格の推移である。

一七八〇年代には、イギリスの価格は海外での価格よりも適度に高いものであったが、凶作は革命戦争中にイギリスの穀物価格を海外よりも高値にしていった（急激な上昇によって示される）。デヴィッド・リカードの地代論が説明しているように、高い穀物価格が地代の高騰を生み出しているのは、その収穫された穀物の価値と耕作に要した労働と資本のコストとのあいだの差異である。戦時の価格高騰が不況の拡大をもたらしたが、実際のところ、ジェントリと貴族は、借地農民の土地への支払いが増えると暮らし向きが良くなった。一八一五年の平和の再開は、イギリスの価格を大陸レベルに押し戻す穀物輸入の急増の前兆になった。その結果として、地代は下落する。そうした可能性を見込んで、議会の立法府は輸入穀物に高い関税を課した。一八一四年には、フランシス・プレイスがジェームズ・ミル宛に、次のように記している。

立法府は、農業地代を維持するためにできることは何でもおこなうだろう。それを阻止するあらゆる手立てにもかかわらず、次の議会でそうした目的の法律を通過させるであろう。富裕な土地所有者は、地代が減少することだけには気づくから、その結果がどのようなものになろうとも、権力をもっているので、それを阻止する行動にでることは間違いなかろう。

図14が示すように、そうした対策は機能していた。イギリスの穀物価格は、続く三〇年にわたってヨーロッパ最大の自由貿易港だったアムステルダムの価格の二倍となった。地主貴族は、すべての国民共同体の「実質的代表」のようには振る舞わず、労働者や資本家の利益を犠牲にしてみずからの地位を安全なものとした。穀物法は、多くの中産階級にも議会改革の必要性を確信させていった。

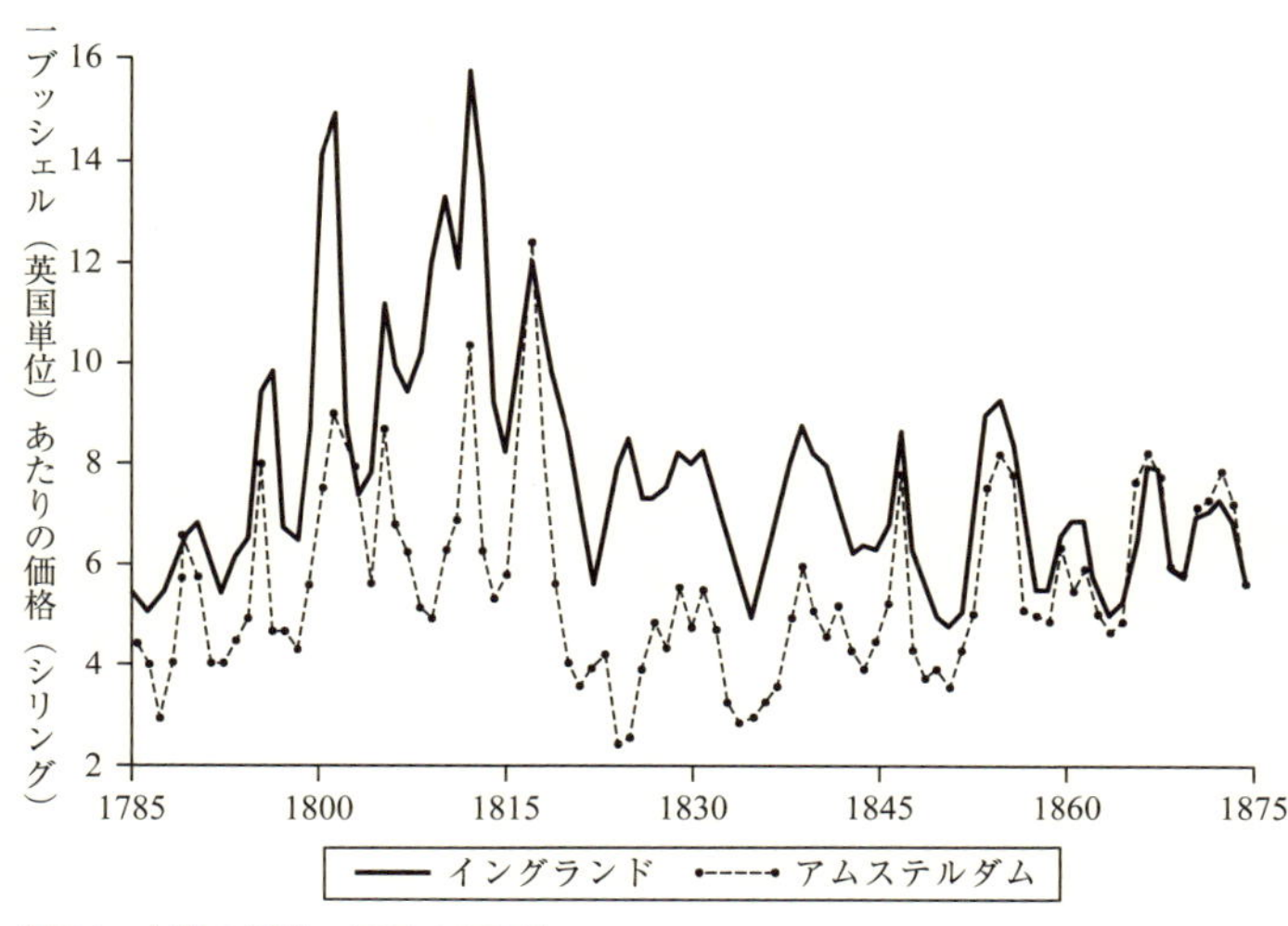

図 14　小麦の価格，1785–1875 年

一八三〇年の選挙では、議会改革が重要な争点となった。それは二年間におよぶ劇的な政治変革を開始し、一八三二年の議会改革法案に帰結していった。保守党は中産階級の改革派と労働者階級を分断しようとし、したがって財産保有者はいくばくかの選挙権を獲得したが、無産者は手にすることができなかった。「真の闘争は、ホイッグとトーリー、リベラルと非リベラルといったジェントルマン階級内部のものではなく、有産者と無産者、つまりスウィング暴動参加者と法とのあいだにあった」。五六の小規模な腐敗選挙区が廃止され、さらに三〇もの選挙区では、二人分の議席のうち一人分の議席を失った。再配分された議席は、それ以前には議会に代表をもたなかった都市ならびに農村の選挙区に配置された。くわえて、投票の財産資格は多くの領域で引き下げられた。その結果、選挙民は四〇万人から六五万人へと拡大し

た（成人男性の約五分の一）。

商業ならびに製造業利害は、かつてよりも影響力を獲得したが、議会は依然として農村の土地保有者によって指導されていた。そして労働者階級は、依然として投票権をもたなかったのである。

一八三二～四六年

中産階級の代表を拡大することで、選挙法改正は政治の風景を変えていった。ジョン・スチュアート・ミルは、次のように述べている。「支配的な階級が存在するところでは、国家の道徳性のほとんどは、その階級的利害や階級的優越性の感情に起因している」。中産階級は、企業家精神、自由競争、功績に対する報酬を称賛した。少しずつではあるが、社会制度はそうした道徳性を具現化するために再編成されていった。一八世紀には、国家の官職は恩顧関係のなかでの任命行為によって配分されていた。功績による任命は、より効率的で安価な政府を生み出すことになる。新たな理念は最初のうちは個別の事例にもとづいて実現され、一八五五年の公務員法の制定と最初の公務員試験などによって、一般的な政策となっていった。

宗教の領域にも競争原理が導入されて、イングランド国教会も国教の地位を喪失していった。非国教化が完成されない時期にも、一八六八年に国教会を支えた教会税が長きにおよぶ運動のあとに廃止された。

最初期の、かつもっとも重大な改革のひとつが、一八三四年の救貧法の改正であった。イングランドの救貧システムは、エリザベス時代の一連の立法に依拠していた。ほとんどの救済は、現金か現物給付で実施された。これが、いわゆる「院外救済」である。別な方法は、ワークハウス〔労役所〕での「院内救済」である。一七二三年のワークハウス審査法によって、教区がワークハウスを設立することによって救済義務を果たすことが可能となった。誰もがワークハウスに入ることができた。だが、監獄をモデルとしたワークハウスは、魅力的なものではないように設計されており、真に困窮したもののだけのための最後の手段となった。ワークハウスは、一八世紀には異常な空間であった。

一八世紀後半まで救貧支出は安定していたが、避けがたいかたちで支出が急激に増大して、それにともない財源となる不動産税も増大していった。その原因には、次のような事情が存在していた。人口増加が、労働力の供給を増大させた。囲い込みや農地の集積は、労働需要を減少させ、ほとんどの共有地の放牧を消失させていった。紡績工程の機械化は、多くの女性の補助的労働力を不必要なものとした。窮乏化の拡大に対して救貧当局は、スピーナムランド制度による農業労働者への賃金補助を通じて支援を拡大することで対応していった。その賃金補助の額は、穀物価格の変動に応じて決定されていた。マルサスは寛大な救貧が人口を増大させると論じて有名となったが、スピーナムランド制度は貧困問題を悪化させただけであった。一九世紀までに、土地所有者と資本家は、共通して救貧制度には改革が必要であることを確信していった。

スウィング暴動での機械の打ち壊しは、農村部での貧困問題の危険性を象徴し、一八三二年に救貧法委員会の設置を促していった。救貧法委員会の提言は、いわゆる「新救貧法」を創出する一八三四年の改正救貧法に帰結した。改正法では、労働可能な貧民は、ワークハウス内部でのみ救済されることになった。院外救済も継続したが、規模は縮小された。新救貧法は、地方行政を担っていた教区を教区連合へと集合化し、それを監視する全国委員会を設立することによって制度を再編していった。救貧費用は削減された。だが、工業地帯では、新救貧法はうまく機能しなかった。それは、失業保険として設計されていなかったからである。

新救貧法は、その卑劣な精神のために多くの改革家によって非難された。また労働者階級の多くにとっては、疎遠なものとなった。旧救貧法は、疾病、高齢、不況の時期の困窮などに対する防波堤として機能してきたからだった。しかし、新救貧法は、最低限度の所得を提供した。このことのもつ重要性は、アイルランドでジャガイモの収穫が落ち込んで飢饉につながったときに、間接的にではあるが証明された。連合王国の一部ではあったが、アイルランドには救貧法は存在していなかった。もしアイルランドに独自の救貧法が存在していれば、飢饉はもっと緩和されていたであろう。

救貧法改革が中産階級と貴族を団結させたとしても、二つの集団は、同時代の最大の争点のひとつであった穀物法の廃止をめぐっては相互に対立することになった。図14が示すように、一八一五年から一八四六年にかけて小麦への関税が意味するのは、イングランドの小麦はオランダの小麦よりも二倍の高値であったことだ。小麦価格の高騰が意味するのは、農業地代の高騰であり、ジェントリと貴族の高収入である。標準的な見解は、賃金はかろうじて生存を維持する水準にあるので、食糧価格の高騰が意味するのは、労働者がかつて購入していたのと同じ食糧を購入するためにより多くの賃金が支払われていることにあった。貨幣賃金の高騰は、製造業者のコストの増大を意味しており、それがイギリスの産業競争力を減退させていたのである。地主の利潤は、資本家の犠牲のうえに成り立っていた。商人ならびに製造業者は断固として穀物法に反対しており、それに対して労働者階級は相対的にみれば無関心であった。

一八一五年の施行以来、穀物法は論争をはらんでいた。一七七六年にアダム・スミスは自由貿易を主張していたが、一八一七年にデヴィッド・リカードは比較優位の原理で論理を鮮明にしていった。一八二〇年には、廃止を求めるひとりの「商人の請願」が議会に届けられたが、却下された。庶民院議員チャールズ・ペラウ・ヴィラーズは、一八三七年から一八四五年まで毎年議会に廃止を求める動議を提出したが、失敗に終わった。一八三九年には反穀物法同盟が設立されて、穀物法に対する廃止運動を展開した。リチャード・コブデンとジョン・ブライトは、もっとも有力な指導者となった。同盟は、効果的な運動団体となり、数多くの小冊子を世に送り出して、多くの基金を集め、全国に弁士を派遣するなど、何百万人を運動に参加させていった。運動の一環として『エコノミスト』誌が創刊されて、最初の編集長ウォルター・バジョットの回想によれば、「これほどの数の男女が興奮しながら政治経済学を口にしたような時期は、たぶん世界史ではこれまでなかったであろう」。

ヴィラーズ、コブデン、ブライトなどの中産階級の議員の運動にもかかわらず、独自に穀物法を廃棄する展望はなかった。庶民院議員の多数派は土地所有者であり、彼らは貴族院も支配していた。保守党の首相であったロバート・ピールは、長年にわたり廃止に反対してきたが、その立場を変えて、一八四六年には廃止を支持した。明らかにそれは、アイルランドの飢饉への救済手段としてであった。彼はウェリントン公爵を説得して、秩序を維持する必要性から貴族院で法案を検討させた。ピールは、なぜ考えを変えたのか、なぜ土地貴族からなる議会がピールに同調したのかについては、依然として学問的な謎である。しかし、結果は明らかである。第一に、イギリスの穀物価格が急激に海外の価格と連動するようになったが（図14）、その水準はすぐには下落しなかった。イギリス農業は、一八七〇年代に「アメリカ大陸の穀物が流入」してくるまで繁栄を続けた。第二に、保守党は分裂して、ピール派はホイッグと急進派に加わり自由党を結成した。第三に、保守党はその後二〇年にわたり野党にとどまった。穀物法は製造業の利害にとって大勝利であった。

しかし、製造業者は思いどおりにそれを成し遂げたのではなかった。彼らは、労働者、土地所有階級、また進歩に付随する貧困に驚愕した中産階級からの反対に直面した。工場制度を改革しようと最初に試みたのは、ロバート・オーウェンであった。彼自身がニューラナーク工場の所有者だった。一九世紀の第1四半紀に、オーウェンは、児童労働者のための教育を導入し、また「現物支給制度」を廃止しようとした。この「現物支給制度」とは、工場所有者が、協同組合的な店舗の形態で従業員に対して価格を過剰に上乗せして消費財を販売する制度であった。オーウェンは、ニューラナーク工場で労働日の短縮と一日一〇時間に労働時間を制限する法制化を支持した。一八一七年までには、彼は公然とした社会主義者となっていた。

一九世紀の第2四半紀には、多くの労働者にとっての経済的状況は、手工業部門が衰退するにつれて悪化するばかりであった。政治評論家の多くは、この時期の格差と物質崇拝主義に衝撃を受けることになった。『時代の兆候』（一八二九年）のなかで、トマス・カーライルは、蔓延する貧困を嘆き、その原因を機械の導入による手工業の破壊に求めた。

私たちの時代をひとつの言葉で特徴づけることを求められたら、私たちは、それを……「機械化の時代」と呼ぶであろう。……いまや直接ないしは手作業によっては、何もなされていない。すべてが規格化されて、計算された装置となる……生身の職人は、仕事場から駆逐されてしまい、より速度の速い無生物の機械に取って代わられる。杼（ひ）は織工の指からこぼれ落ちて、より高速で同じことをおこなう鉄の指へと落ちていく。

その結果として、国民所得の大規模な増大が生じた。「所与の量の労働によって、どの程度に人びとの食事、衣服、住まいが良くなり、すべての外形的な点で恩恵を受けているかについては、全員が感謝の意をもって考えてみる必要があるだろう」。だが、実際には、利得分はほとんどが富裕層に発生した。「富が増大するにつれて、また同時に大衆へと集積するにつれて、奇妙なことだが、古い諸関係が変容して貧富の格差が拡大する」。しかし、増大した富は、富裕層にとってさえ恵みをもたらすわけではない。すべての思想が機械のイメージで再編成されているので、心が枯れてしまっているというのだ。

心も身体も、その労働も、人間は機械となってしまった。……あらゆる種類の個人の営為や自然の力に対する信頼を失ってしまった。行為や愛着、世論の全体が、機械論的なものとなり、機械の性格をもっている。

そうした懸念が、一八三九年にトマス・カーライルによって造り出された「イングランドの社会問題」という言葉の意味を明確にしたが、それは同時代の作家たちの関心を集めることになった。それらのなかには、ベンジャミン・ディズレイリ、エリザベス・ギャスケル、チャールズ・キングスレー、チャールズ・ディケンズなどがいた。

しかし、社会問題と直面することになったのは、小説家だけではなかった。社会科学的な志向をもった中産階級の改革派は、同じようなことをおこなった。中産階級の思考様式は、ベンサムの「最大多数の最大幸福が善悪の判断基準の根本原理」にもとづいていた。これは、伝統的にレッセ＝フェールの経済学を擁護するために用いられてきた。というのも、二人が自発的に交換に（たとえば、一日の労働を二シリングで）合意したとすれば、双方の満足はそれにともなって社会の幸福の総体を増大するに違いなかったからである。そうでなかったならば、合意に到達するはずはない。しかし、そのような取引の蓄積効果は、少数のものを富裕化し、多数のものを貧困にする。貧しい女性が受け取る付加的な貨幣給付が、富裕者の幸福の喪失に比べて彼女の幸福を増進するとしたら、国家が富裕層から貧困層への所得の再分配をおこなう理由となるであろう。あるいは、家庭から河川に流れ出る産業廃棄物が、下流に住みそれらを飲料とする人びとの健康を害するとしたら、国家が清潔な水を供給する介入の論拠となるであろう。

こうした論法によって、自由市場を制限して福祉を改善する余地を創出する国家活動を改革派が唱導することになった。通常、改革には論拠となる事実を必要とし、一九世紀の第2四半期は事実を収集する事業の大規模な増大を見てとることになった。そうした活動のいくつかは、国家によって試みられることになる。たとえば、統計は拡大されて、全国的な職業構造の変化を跡づけるようになった。一八三七年には、国家が出生と死亡を登録する任務を国教会から継承するようになった。そのほかの事実は、あらゆる種類の問題を調査する特別委員会によって収集された。非政府団体も事実を収集した。もっとも有名なのはマンチェスター統計協会であり、製造業に携わる人びとの社会改良を推進するために一八三三年に設立された。社会的告発は、同時代の課題であった。フリードリヒ・エンゲルスの『一八四四年のイングランドにおける労働者階級の状態』は有名な事例であったが、それだけではなかったのである。

こうした労働者階級の窮状は、トーリー党にとっての政治的好機を生み出し、労働者に対する立法的救済につながった。争点は、工場における児童の雇用にあった。

児童は工業化以前の時代の経済で広範に雇用されており、多くは家族とともに、残りは徒弟や家内奉公人として働いた。しかし、アークライトの綿工場は、親の監視下に置かれていない児童を大量に雇用していた。救貧法保護委員によって何千もの児童が工場に送られて、徒弟契約での雇用下に置かれた。長らく国家が徒弟を規制してきたが、この目的のために一九世紀初頭には綿工場を規制する実効性をもたない立法が議会を通過した。

最初の重要な雇用規制法は一八三三年の工場法で、その立案者はマイケル・トマス・サドラーであった。彼は、腐敗選挙区を代表するトーリー党の庶民院議員で、土地所有階級だけが責任をもってイギリスを統治できると信じていた。彼は、マルサス理論との論争になった人口論の書物を執筆して、救貧法をアイルランドに拡張するために奮闘し、議会改革には反対した。一八三一年に、彼は、綿工場での子どもの労働時間を一日一二時間から九時間へと短縮する法案の議会での発議をおこなった。彼は、工場での児童の長時間労働と虐待についての徹底的な調査報告書を執筆する委員会の議長を務めた。彼は議会で力強い演説をおこない、雇用主と労働者は労働市場で対等な条件で交渉をおこなっているわけではないと論じた。したがって、労働者は立法によって保護されるべきであるとした。彼の腐敗選挙区は議会改革法によって廃止されてしまい、次の選挙では議席を獲得することができなかったが、彼の主張を立証する資料と論理のもつ説得力のおかげで、一八三三年には法案の議会での通過へとつながり、労働時間の短縮に向けての最初の一歩となった。続く数十年にわたり、労働時間はさらに短縮されて、法の適用範囲も格段に広がった。

サドラーの貢献は、トーリー主義を再定義するための最初の一歩として、政治的にも重要な意味をもった。皮肉なことに、伝統の擁護者であるトーリー派は、絶え間なくみずからを刷新しなければならなかった。一八世紀の政治信条、すなわち土地所有階級は生まれながらの社会の指導者であり、彼らの利害の増進が政府の第一義的な課題であるという考えは、ますます時代遅れとなっていった。貴族による統治が一般的利害であると主張する新たな天使が、発見されなければならなかった。工場法は、トーリー派の家父長主義にとっての新たな公式見解となった。それどころか、サドラーは北部イングランドでは児童の擁護者として崇拝されている。ここに赤いトーリー主義が誕生したのである。

〔ディケンズの〕『デヴィッド・コパフィールド』と一八三三年の工場法は首尾よく成功を収めたが、労働者階級は独自の利害を擁護するために上流階級を頼ることができなかった。必要なものは選挙権であり、中産階級が穀物法に抵抗するために動員をかけたように、労働者階級は投票権に向けて動員をかけた。労働者は議会改革の政治運動の一部を構成して、それは一八三二年の選挙法改革に帰結した。労働者階級が参政権から排除されると、多くの労働者は裏切られたと感じた。この裏切られたという感覚が、新救貧法の改革によって深められていった。労働者階級の新聞は、一八三〇年代に民主主義を求める論陣を張った。六人の庶民院議員と六人の労働者階級の指導者の集団は、一八三八年に人民憲章を起草したが、それは労働者の要求を結晶化させたものだった。ある急進派が懐古している。

全国のいたるところに「急進派の」組織が存在していたが、統一性を欠いていた。あるものは秘密投票を要求し、あるものは男子普通選挙を要求した。

……急進派はその目的や方法で統一性を欠いており、何かを達成するには展望はほとんどなかった。しかし、「人民憲章」が起草され、……労働者階級の緊急の要求が明確に定義されたとき、団結のための現実的な絆を手にしたと感じた。急進派の組織は、地元のチャーティストの支部へと変容していったのである。

「人民憲章」の六項目とは、(一) 男子普通選挙権、(二) 秘密投票、(三) 庶民院議員へ財産資格の廃止、(四) 労働者が立候補できるように議員への歳費給付、(五) 選挙区の平等な配分、(六) 毎年選挙、である。憲章を支持する大規模な公開集会が組織され、一八三九年に一三〇万人分の署名を添えて議会に提出されたが、議会は憲章を検討しようとすることに反対の投票をおこなった。

これに対応して、「実力派」チャーティストが暴力に訴えた。武器が集められ、訓練がおこなわれた。一八三九年には、チャーティストがニューポートのウェストゲート・ホテルに向けて行進して、全国規模の蜂起を誘発しようとした。チャーティストは軍隊と対峙して、二〇名以上が殺害され、多くが負傷し逃走した(図15を参照)。

武装衝突が数年にわたって続き、チャーティストは常に敗北し、首謀者は罰せられた。

依然として抗議の中心は、平和的な形態であった。ファーガス・オコナーと彼の発行する新聞『ノーザン・スター』の指導下に、一八四二年に大衆集会が開催され、今回は三〇〇万以上の署名を添えて人民憲章がふたたび議会に送られたが、再度拒絶された。何百人ものチャーティストが逮捕され、

図 15　ニューポート蜂起の詳細（ケネス・バッドによる壁画）

流刑となったが、もっとも傑出した指導者五八名の訴追には失敗した。

平和的なチャーティストは抗議を続け、実力派チャーティストは軍事的訓練を続けた。チャーティストは選挙でも戦ったが、一八四七年にファーガス・オコナーが議会に選出されたのが唯一の議員であった。一八四八年には一〇万人のチャーティストがロンドンを行進して、何百万の署名を添えて憲章をふたたび議会に提出した。国家は広汎な実力部隊を動員してこれを阻止しようとしたが、暴力的な衝突は起こらなかった。議会は再度請願を否決した。一八五〇年代を通じて政治的運動は続いたが、失敗に終わった。

一八四六〜六七年

一八四六年から一八六七年にかけてイギリスの経

済的状況は根本から変化した。図2、コラム5、コラム6が示すように、一九世紀の前半を特徴づけていた賃金の停滞は終焉した。労働者家族の一人あたりの平均消費量が四二パーセント増大した。この時期は、経済全体で手工業生産に機械による生産が取って代わった。最終的に、生産性の低い部門の職が失われ、生産性の高い職が生み出されつつあった。こうした変化が、賃金上昇を支えたのであった。

この時代の政治では、競争や功績に対する報酬といった中産階級の目的をさらに助長する傾向がみられた。たとえば、一八四九年には航海法の廃止によって、工業製品の自由貿易が実現された。労働者階級の運動は、チャーティスト運動から労働組合運動へと変化した。労働組合は、急進的な改革ではなく高賃金や労働条件の改善などのための交渉に関心を置いた。一八六〇年にはロンドン労働組合評議会、一八六八年には全国労働組合評議会が設立された。一八六七年の労働組合に関する王立委員会は、労働組合が労使双方にとって利便性が高いことを立証した。一八七一年には、労働組合が法制化された。それにもかかわらず、組合には十分な組合員がおらず、一八四六年から一八六七年にかけての賃金上昇を説明できていない。

一八六七年に産業革命の終了を画する三つの事件が発生している。第一に、マルクスが『資本論』の第一巻を刊行した。この書物は、資本主義では経済成長こそすれ、実質賃金の上昇につながらないことを説明している。マルクスは一八一八年に生まれているが、彼の資本主義観は二〇歳のころに確立している。その当時は、平均賃金は横ばいで、手工業部門の職種は危機的状態にあった。マルクスはこれを恒常的状態と捉えて、この時代に適合的な解釈を発展させた。第二に、バクスターは一八六七年の国民所得を概算し、その数値は過去二〇年間に実質賃金が急激に上昇したことを示した。賃金が上昇していたのは、古い手工業的な生産様式が機械の様式によって破壊されたからであった。マルクスは『資本論』の執筆に集中していたので、この点を見落としていた。第三に、そうした変化を見過ごさなかった唯一の集団が支配階級であった。労働者の実質賃金が上昇するにつれて、初めて労働者は〔資本主義〕体制のなかで利害関係者となった。彼らの政治課題は、革命から社会民主主義として知られるものに変化していった。したがって、労働者階級は投票権を与えても安全な存在となり、ピール以降で最初の保守党の首相となったディズレイリは、一八六七年に熟練労働者まで選挙権を拡大していった。こうして産業革命は終焉したのである。

第6章　産業革命の世界的拡大

一八六七年の時点で、イギリスにとっての産業革命は終わったのかもしれない。だが、西ヨーロッパやアメリカにとってはまだ始まったばかりであり、そのほかの人類にとっては依然として将来における展望にすぎなかった。産業革命の拡大は、図16に示されており、それはさまざまな地域で生産された世界の工業生産高の占有率を示している。

これらの数値は、とくに初期の場合には根拠が不明確であるが、産業革命の重要性は明らかに突出している。

一七五〇年、最大の製造業を抱える経済は中国とインド亜大陸（現在のインド、パキスタン、バングラデシュ）に位置していた。これらの国々はもっとも人口の多い国でもあったが、それは偶然では

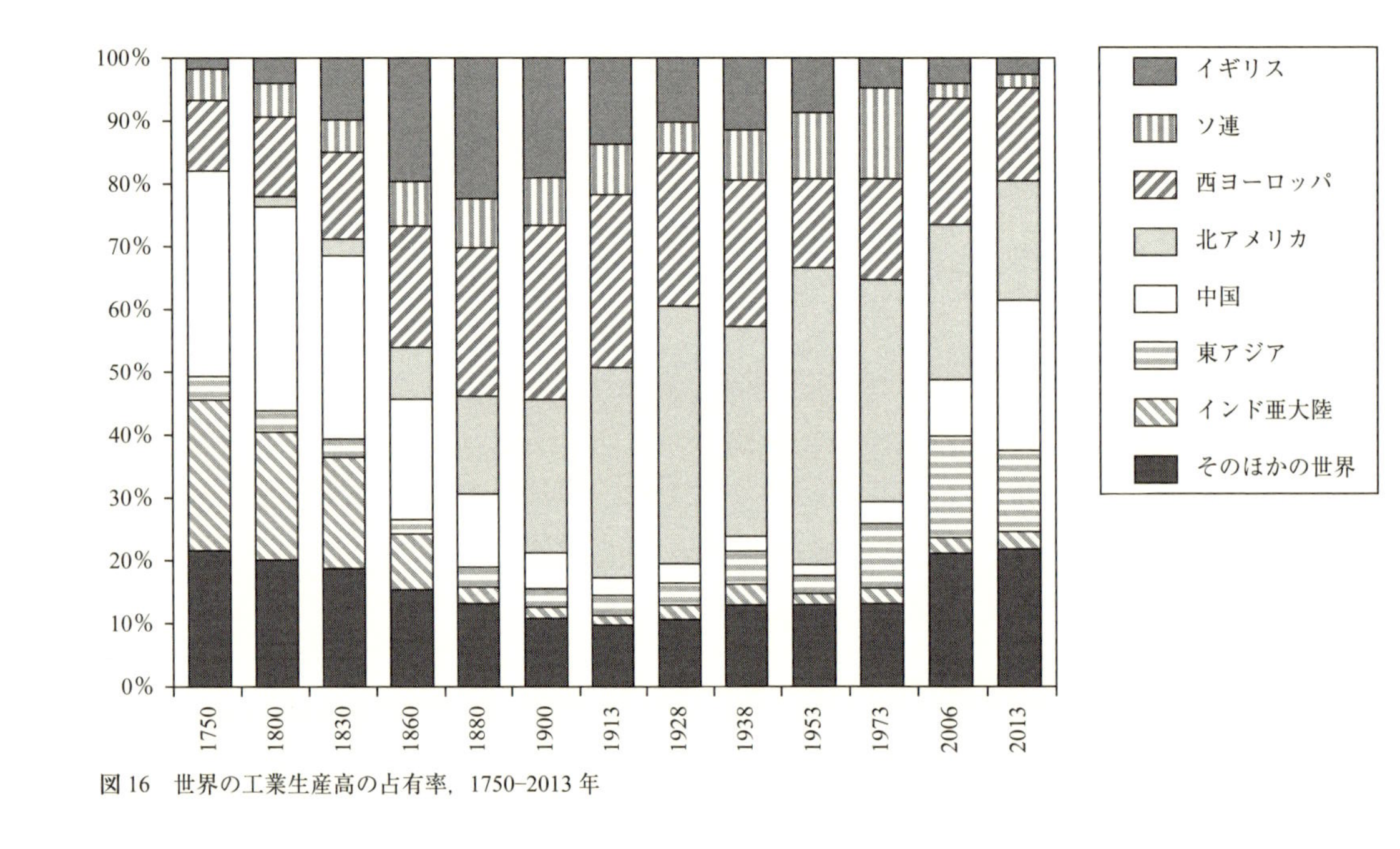

図16　世界の工業生産高の占有率，1750–2013年

なかった。大陸間の貿易には工業製品がほとんど含まれていなかったため、その地域の生産量は消費量に等しいものとなる。一人あたりの収入は大まかにいえば類似していたので、工業製品の一人あたりの消費量も似通ったものとなる。したがって、製造業の生産は、人口が最大の場所で最大となった。同じような理由で、イギリスの製造業の生産量は世界全体の生産量の二パーセント未満にすぎなかった。

このような状況は、イギリスの産業革命によって大きく変化した。一八八〇年までに、世界の製造業に占めるイギリスの割合は、最高値の二三パーセントに達したのである。これに対して、インドと中国の占有率は約二パーセントにまで下落した。それぞれが、二〇世紀後半まで同じように停滞した状態にあった。これらの減少は、単に相対的なものではなく、イギリスからの輸入製品が中国やインドの在来産業を破壊したために、絶対的な脱工業化を意味していた。産業革命期のイギリスの製造業の生産高の増大は、「第三世界」の製造業を犠牲にして進行していったのである。

すべての国が、こうした運命を経験したわけではない。世界の製造業に占める西ヨーロッパの占有率は、一八世紀の一二パーセントから、第二次産業革命時の一九一三年には二八パーセントに増加した。さらに劇的だったのは、北アメリカ、主としてアメリカ合衆国の台頭であった。一八世紀には世界の製造業に占める割合は一パーセント未満だったが、一九五三年に北アメリカの占有率は最高値の四七パーセントに達した。これは、ヨーロッパよりもさらに大規模な産業革命であった。西ヨーロッパと北アメリカの工業生産高の増大によって、世界全体に占めるイギリスの占有率は大幅に減少した。

ほかの二つの地域では、二〇世紀に産業革命が発生した。ひとつは、ソヴィエト社会主義共和国連邦を構成する諸国であった。ロシア帝国は一八世紀に世界の工業製品の五パーセントを生産していたが、ソヴィエトの五カ年計画によって、一九八〇年代にはソ連の製造業の占有率が一五パーセントにまで押し上げられた。共産主義の崩壊によって、この地域の製造業の占有率はわずか三パーセントにまで落ち込んだ。

二〇世紀に急速な産業発展を経験したもうひとつの地域は、東アジア（日本、台湾、韓国）である。一九世紀初頭に東アジアの占有率は四パーセントから二パーセントに低下したが、二〇世紀前半に日本が近代的工業部門を建設するにつれて、五パーセントにまで増加した。東アジア地域の経済は、第二次世界大戦によって壊滅的な打撃を被ったが、日本では一九五〇年代になって急速な成長がふたたび開始され、その後に台湾と韓国でも始まった。二〇〇六年までに、これらの諸国は世界の製造業の一七パーセントを生産するようになる。

最後の産業革命は中国によるもので、ごく最近の現象となる。共産主義革命直後の一九五三年、中国の製造業の占有率（二パーセント）は史上最低であった。一九八〇年までに、その割合は五パーセントにまで上昇し、その後も上昇を続け、二〇〇六年には九パーセントに達した。その後の成長は非常に急速で、非常に高い水準にあったこともあり、二〇一三年には、中国の占有率は二五パーセントにまで達した。中国は現在、世界を主導する工業経済国となっている。

しかし、中国は例外的だと言える。ほかの国でも急速な成長で大いに沸き立っているにもかかわらず、製造業の生産高に占める各国の占有率は上昇していない。たとえば、インド亜大陸では、一九七三年には世界の工業製品の二パーセントを生産していたが、二〇一三年にはわずか三パーセントとなる。「そのほかの世界」には、ラテンアメリカ、アフリカ、中東、東ヨーロッパの大部分、南アフリカ、東アジア、オーストラリア、ニュージーランドなどが含まれ、世界の製造業に占める割合を、一九七三年の一三パーセントから二〇一三年の二一パーセントにまで高めることに成功した。この進歩は重要でないわけではないが、議論されている産業革命と同じ水準のものではない。

したがって、主要な歴史の問題は、なぜ一部の国では産業革命が起こり、ほかの国では産業革命が起こらなかったのかということにある。

グローバル化とテクノロジー――脱工業化の経済学

イギリスの産業革命は、二つの理由でその後のあらゆる産業革命とは異なっている。

第一に、イギリスの産業革命は、計画されたものではなかった。実際、産業革命が起こる以前には、誰も想像していなかった。その後のすべての産業革命は、各国が産業の発展につながると期待する政策を採用するという意味で、計画されたものであった。

第二に、その後のすべての産業革命は、みずからが生産を希望している工業製品を非常に低価格で輸出する工業大国と競争しなければならなかった。工業化に参入しようとする諸国は、何らかの方法でその課題に対処しなければならなかった。実際のところ、そうした諸国の状況はきわめて切迫したものであった。イギリスの挑戦に対応することができなかった諸国は、停滞しただけではなく、脱落してしまったからである。いいかえれば、それは脱工業化されたのである。

その経済的意味は、脱工業化のもっとも初期の事例のひとつである一九世紀初頭のインドの例で明らかだろう。

イギリスの産業革命は、グローバル化が進む世界で発生した。ヨーロッパからインドへの航路の確立により、実質的な輸送費用が削減され、各国の東インド会社が綿布をインドからヨーロッパに大量に輸出することが可能となった。イギリスの生産者は、これらの綿布を模倣しようと試みたのである。イギリスの賃金は、インドの賃金よりもはるかに高い水準であった。したがって、イギリスの生産者は、もっとも太い糸以外を販売するために労働力を節約する機械を発明する必要があった。紡績機械はイギリスの綿織物における競争力を大いに高めたが、インドやヨーロッパ大陸の生産者には何の恩恵をもたらさなかった。実際、インドや大陸の賃金が低かったため、機械化は利益を生み出さなかったからである。機械を使えば、インドよりもイギリスで綿布を生産するほうが相対的には安価になったが、かつてはその逆であった。比較優位説によれば、イギリスは綿布の輸出を増やす一方で、インドは綿布を輸出するのではなく輸入することになる。いいかえれば、イギリスは工業化するが、インドは脱工業化することになる。もちろん、それが実際に起こったことであった。

比較優位説は抽象的である。イギリスとインドの価格の変化を調べることで、誘因(インセンティブ)がどのように変化したかが判明する。一八世紀後半に、イギリスでのイングランドとインド双方の綿布価格は、インドでのインド綿布の価格よりもはるかに高く、インドはイギリスに綿布を輸出していた。しかし、技術の進歩によって、イギリスの生産費用が削減されたために、一八二〇年までにはイギリスでの両国の綿布価格が急落し、イングランドとスコットランドの綿布価格の下落によって、インドの価格も下落していった。

一八二〇年までに、イングランドの価格はインドでのインド綿布の価格よりも廉価になった。インド綿布の輸出が停止し、インドでイギリス綿布の輸入が始まると、貿易構造が逆転した。その結果として、インドの脱工業化が進行していった。これが、インド総督ウィリアム・ベンティンクの「綿織物職人の骨が、インドの平原を白く染めている」という有名な発言につながる。

インドの比較優位は製造業部門から農業部門へと変化し、この変化は原綿価格に反映されている。一九世紀初頭、リヴァプールの原綿の価格は、グジャラート州よりもはるかに高いものであった。(グローバル化が進行することで!)輸送費用が低下して、インド綿花の実質価格が緩慢としたかたちではあれ上昇したため、この差は縮小した。この価格上昇によって栽培量と輸出量が増加した。根底にある経済学的意味は、同時代人には明らかであった。イギリスの庶民院議員ジョン・ブロックルハーストは、一八四〇年に「インドにおける織物業の解体は、すでに完了していた。……インドは工業国ではなく農業国であり、かつて製造業で雇用されていた労働者群は、現在では農業部門に吸収されている」と主張した。

インドにおける綿花生産の歴史は、一九世紀のアジアとアフリカの歴史の縮図となる。二〇世紀までに、アジアやアフリカの工業部門は、イギリス、その後の西ヨーロッパやアメリカ合衆国の工場との競争によって破壊されてしまった。アジアとアフリカの経済は、農産物の生産と輸出のために「再オリエント化」(方向転換)されていった。一九六〇年代に開発経済学者がこれらの地域を調査したとき、彼らはこうした経済構造が「伝統的」であると想定した。だが実際は、「伝統的」なものとはまったくの別物であった。二〇世紀の「低開発国」は自然に誕生したものではなく、人為的に構築されたものであった。これらは、一九世紀のグローバリゼーションと西洋の工業化の産物であった。

一九世紀のキャッチアップ――アメリカ合衆国の標準モデル

最初の疑問は、なぜ同じ運命が西ヨーロッパとアメリカ合衆国に降りかからなかったのかということにある。答えは、そうした諸国が一九世紀の経済発展の標準モデルを構成する一連の政策にしたがっていたからであった。経済発展の問題は新生共和国にとっては差し迫ったものであり、この標準モデルはアメリカで発達した。植民地時代のアメリカは、事実上、イギリスと自由貿易協定を締結しており、農産物を輸出して工業製品を輸入していた。アメリカは最初から脱工業化されていたのである。どのようにして、そこから離脱したのであろうか。

解決に向けた最初の一歩は、十分な統治能力を備えた政府を創出することにあった。一七八〇年代、各州は限られた権限をもつ緩やかな連邦を形成して統一されていた。一七九〇年にアメリカ合衆国憲法が発効したが、この憲法は強力な中央政府を創設して国を発展させることを目的としていた。憲法自体がその方向への第一歩であり、各州が互いの産品に課していた関税を撤廃し、それによって大規模な国内市場を創出した。初代財務長官アレクサンダー・ハミルトンは、有名な『製造業に関する報告書』(一七九一年)のなかで、最終的に採用された政策の概要を述べている。国内市場を統合するための交通手段の改善、通貨を安定させ投資の信用を保証するための国立銀行、そしてアメリカの産業をイギリスとの競争から保護するための関税などである。これらの政策は、米国上院議員ヘンリー・クレイによって「アメリカ的システム」と呼ばれ、標準モデルの四つの要素のうちの三つを構成している。

最後の要素は大衆教育である。アメリカの白人は、植民地時代に高度な教育を受けており、新しい共和国では学校制度が強化された。一八三〇年代のコモン・スクール運動は、工業部門での雇用に向けて教育することで大量の移民を同化させていくための公立学校の制度につながった。国内関税の廃止と交通インフラの整備による国内市場の創設、投資を促進するための銀行制度の確立、イギリスとの競争から産業を保護する関税の創設、商業経済に適した国民を創出するための大衆教育の制度化。これらの諸政策が一体となって、一九世紀の経済発展の標準モデルとなった。

標準モデルは、憲法の発効後すぐに実施に移された。

連邦政府は、一八一一年から一六年にかけて東海岸と中西部を結ぶカンバーランド道路などの幹線道路を建設し、一八一七年から二五年にかけてニューヨーク州は、ハドソン河と五大湖のあいだにエリー運河を建設した。合衆国の第一銀行とその後の第二銀行は、一七九六年と一八一六年に特許状によって設立された。一八一六年にはヨーロッパの平和に対応して保護関税も導入されたが、それまでの数十年間の戦争によって、すでにアメリカの製造業はある程度の保護を受けてきたと言える。

合衆国銀行は、一八三〇年代にアンドリュー・ジャクソン大統領によって最終的には解体されたが、ほかの標準モデルの要素は繰り返し再確認された。運河、道路、鉄道、空港、スーパー高速道路は、常に政府によって、または政府の支援を受けるかたちで建設されてきた。教育制度は持続的に拡充されていった。アメリカ合衆国の非常に高率の関税は、一九世紀前半には論争を惹起することになったが、一九六〇年代まで維持された。高率関税は製造業で突出しており、一九六〇年代には、市場を確保するには保護よりも貿易の自由化が最善と思われたからである。

アメリカは、この政策的コンテクストのなかで工業化を推進した。政策の条件が整えば、工業化はそれほど困難ではなかった。アメリカの賃金は非常に高く、それはイギリスの工場での技術がアメリカ合衆国に適した技術であることを意味していた。技術移転は、当初から円滑に進行した。二〇世紀までに、アメリカ合衆国は世界の高賃金経済国となり、重要な技術の発信地となった。合衆国が発明したものは、合衆国の状況に適合的なものであった。アメリカの技術を自国の状況に適応させるのに問題を抱えていたのは、ほかの諸国だった。

ヨーロッパの標準モデル

ヨーロッパ大陸では状況が異なってくる。産業革命の初期には、たとえばフランスやドイツではイギリスよりも労働力が資本に比べて安価だったので、イギリスの技術は利潤を上げるものではなかった。その結果、手作業による技術はイギリスの工場での技術よりも費用効率が高く、西ヨーロッパはインドと同じ道を歩む危険にさらされていた。

ヨーロッパ大陸で工業化の展開が本格化したのは、一八一五年のナポレオンの敗北後であった。しかし、ナポレオンはフランス革命の諸改革をヨーロッパ全土に広めることで準備を整えていた。これらには、農奴制の廃止、修道院財産の没収、新しい法制度（「ナポレオン法典」）、すべての国民の法のもとでの平等、内国関税の廃止、税制の近代化、教育の拡充、そして科学と知識の振興が含まれていた。フランスはこれらの改革を支配していた諸地域に強制し、プロイセンのような敗北はしたが独立を維持した国家なども、自発的にその改革を取り入れた。

法改正に加えて、イギリスの技術者が機械の効率化に専心したため、工場での紡績と蒸気機関の商業化の見通しは、一七八〇年代に比べてはるかに明るいものとなった。近代的な技術水準によって生産力が高まるにつれて、たとえ労賃がどれほど安価であったとしても、手作業による生産方法の価値は下落していく。だが、その点に達したのは、ワーテルロー以降の西ヨーロッパでのことであった。

綿業の進歩は常に速かった。手紡績業では、一七六〇年代には一〇〇〇紡錘(スピンドル)あたり二五〇〇人の労働者が雇用されていた。アークライトの工場は、一七八〇年代に労働者を約九〇人に削減し、一八二〇年代までにイギリスの工場は一〇〇〇紡錘あたり一六人の労働者を雇用していた。しかし、労働力の教育・訓練には時間を要し、一八三〇年代に新しく建設されたフランスの工場は、たとえ最新の機械を使用していたとしても、イギリスの工場よりも多くの労働者——一〇〇〇紡錘あたり二四人——を雇用していた。これらの工場は紡車を使用する女性たちの地位を弱体化させるのには十分だったが、自由貿易の状況下でイギリスからの輸入品と競争できるほど効率的ではなかった。ドイツでも同じ状況だった。そこでは、何をなすべきか?

関税は明らかに必要であったが、それだけでは十分ではなかった。必要な要素をすべて備えた標準モデルが必要であった。このモデルは、フリードリヒ・リストの『経済学の国民的体系』(一八四一年)によってヨーロッパで普及していった。リストは、一八二〇年代後半にはアメリカにいた政治難民で、アレクサンダー・ハミルトンとその政策のもたらした成果に影響を受けていた。ドイツは、ヨーロッパにおけるアメリカ的システムの格好の事例となる。同様の政策は、フランスなどでも推進された。一八一五年にウィーン会議によって、ドイツは三八の領邦に分割された。プロイセンは最大の領邦であり、その領土はドイツ全土に分散していた。その地域間の通商を促進するために、一八一五年にプロイセンは、諸領邦に介入していく「関税同盟」を発起した。その後の数十年でさらに多くの領邦が参加して「関税同盟」が設立され、一八七一年のドイツ帝国の基礎となった。ドイツ関税同盟は、ドイツ国内の通行税を廃止することで市場を拡大して大規模な国内取引を創出し、高い関税障壁を構築することで、ドイツの企業が安定化するまでイギリス製品の流入を防ぐことになった。

ドイツは、そのほかの原則にもしたがった。国内市場は交通への投資によって強化された。最初のドイツの鉄道は、最初のイギリスの鉄道の開通からわずか五年後に建設され、一九一三年までに六万三〇〇〇キロメートルの路線が開通した。一八五〇年代から一八七〇年代にかけては巨大な投資銀行が設立され、工業部門に資本が注ぎ込まれた。最後に、国民皆教育制度が確立された。これは、一八世紀にフリードリヒ大王の時代に始まったものである。実際のところ、アメリカのコモン・スクール運動は、プロイセンの学校制度をモデルにしていた。

一八七〇年以降、ドイツの経済発展は非常に急速であった。新しい産業がつぎつぎに誕生したが、もっとも有名なところでは、鉄鋼、化学、電気、自動車などがあげられる。それらの多くは自然科学を基盤としており、ドイツはこの点で優位に立っていた。ドイツの小学校から工業高校、大学にいたる教育制度は、非民主的な国制の原理によって制約されていたイギリスと比較して近代的なものだった。たとえば、イギリスが全国民共通の初等教育を受けられるようになったのは、第三次選挙法改革(一八八四年)のあとでのことであり、選挙権が全男性の約六〇パーセントを含むように拡大されてからであった。

周辺諸国での標準モデル

周辺諸国でも標準モデルが試みられたが、達成の度合いは玉石混交なものとなった。メキシコの試みは中途半端なものだった。一八三〇年代に保護主義的な関税が導入され、その利益は小規模な投資銀行の資金調達のために利用された。その結果、三五もの綿紡績工場が誕生した。だが、州ごとの関税がそのまま残されたので全国的な統一市場は形成されず、また教育は軽視された。ポルフィリオ・ディアス（一八七七～一九一一年）の独裁政権は、さらに精力的であった。国内関税は廃止され、国内市場を創出するために鉄道が建設された。高度な技術を国内に導入するための資本を、銀行ではなく外国投資に依存していた。大衆教育は依然として軽視された。その結果、外国資本が所有する工場と外国人経営者を基盤として産業がさらに発展し、メキシコ人は単純労働に従事することになった。その結果として生じた経済成長は、労働市場が逼迫するほど急速ではなく、実質賃金は停滞し、成長による果実はすべて富裕層に還流して、腐敗にまみれた体制は一九一一年の革命で崩壊していった。

ロシアでも同じような歴史があった。一八七〇年から第一次世界大戦までのあいだに、国内の周縁地帯を開拓し、大規模な鉄道網が建設されて、周縁地域と主要な港湾都市や工業の中心地が接続されていった。投資銀行は成功しなかったが、国家が資本を提供して、メキシコと同様に外国からの投資に依存した。ロシアは、メキシコよりも精力的に教育を推進していった。その結果、農業生産が拡大し、重工業部門が創出されたが、経済全体を変革するほど大規模なものではなかった。メキシコと同じく、引き起こされた成長は労働市場が逼迫するほどではなかったため、実質賃金は停滞した。ロシアでは一九一七年に革命が発生した。

中東とアジアでは、標準モデルの適用は帝国主義によって制約されていた。工業化を開始させる最初の試みは、一八一一年にエジプトの支配権を掌握し、エジプトを近代国家に変えようとしたムハンマド・アリーの取り組みであった。アリーは、土地を国有化し、それを小規模な農地に分割した。彼は農民から作物を購入し、都市や海外で再販する専売制度を創設した。農民にはほとんど給料が支払われず、輸出で得た利益は繊維工場や軍需工場、そしてムハンマド・アリーの近代的軍隊の資金として使われた。多くのエジプト人は、ヨーロッパや家庭で教育を受けたが、大衆教育は軽視された。軍はオスマン帝国のスルタンからパレスチナとシリアを奪って占領したが、エジプトはオスマン帝国の属州であったため、スルタンはムハンマド・アリーの上官でもあった。エジプト人がオスマン帝国を破ってイスタンブールを脅かすと、ヨーロッパ諸国が介入して、ムハンマド・アリーに領有権の放棄と軍隊の削減を強制した。一八三八年、イギリスとオスマン帝国のスルタンは、オスマン帝国における専売制度を禁止する英土条約に署名し、それによってムハンマド・アリーの近代化計画の財政的基盤を取り除こうとした。こうして、国家主導の工業発展の最初の実験が終了したのである。

インドのナショナリストは標準モデルを採用したかったのだろうが、それは現実にはできなかった。関税は低く抑えられており、あくまで収益目的であった。投資銀行は存在していなかった。鉄道網が一九世紀後半に建設されたが、これは、治安維持のために軍隊を派遣し、農産物の輸出を促進するために農業地帯と港湾都市を結ぶため、敷設された。鉄道建設は大きな機会を逃した。アメリカ合衆国、ドイツ、ロシア、日本などの諸国家は、鉄道建設を鉄鋼、工作機械産業の拡大の機会として利用したが、インドでは、機関車、車両、線路はすべてイギリスから輸入されていた。大衆教育も軽視された。綿紡績工場がボンベイ〔現ムンバイ〕に設立され、ジュート工場がカルカッタ〔現コルカタ〕に設立された。これらの産業は、国際的には重要であったが、インド全体を変革するにはあまりにも小規模であった。

日本も標準モデルを採用しようとしたが、その試みも帝国主義諸国によって妨げられた。しかし、インドとは異なり、日本は独立を維持したので、より多くの活動の余地が与えられた。一六六〇年代以来の日本は、世界のほかの国々からほぼ完全に遮断されて鎖国状態にあった。一九世紀初頭にヨーロッパ諸国は、英土条約に沿って、アジアの帝国に自由貿易を強制していた。日本の場合、アメリカが主導して、一八五三年にペリー提督が横浜港に入港し、鎖国を解除して外国との貿易を許可するよう要求した。日本の国力は軍事的にはあまりにも脆弱であったため、そうした要求を拒否できず、そのあとになって国力を強化する取り組みが開始されることになった。政治的躍進は、一八六七年に明治天皇が即位したときに発生した。国を実質的に統治していた徳川幕府の将軍家は、その権力を天皇に譲渡して、天皇が国の統治を引き継いだ。それは単なる王朝の交替ではなく、国家の変革に着手した近代化主義者らによる事実上のクーデタであった。経済、政治、社会生活のほとんどの側面が、全面的に改革されていった。

明治国家は、先進国の近代的技術を導入して、産業革命を強行することを目指した。日本は標準モデルと異なる類型を追求した。第一に、国内関税の廃止と鉄道システムの構築により国内市場が創設された。第二に、全国民共通の教育制度が確立されていった。第三に、銀行制度が発展したが、投資銀行が正常に機能するようになったのは、一九二〇年代になってからのことであった。その間に、国家はベンチャー資本家としての役割を果たした。第四に、一八六六年に帝国主義諸国は、輸入関税を五パーセントに抑制する通商協定を日本に強制した。関税を産業の促進に使用することはできなかった。その代わりに、国家が「勝者を選択して」、工業化を促進しようとする企業に対して直接的に融資を与えた。こうした慣行は、「戦略的産業政策」に発展していく。関税制限は、一八九四年と一九一一年に失効し、この時点から日本は産業の発展を促進するために関税を利用しはじめた。日本の工業化は、一九世紀に絹や綿などの繊維製品からなる消費財に始まり、二〇世紀初頭には、鉄鋼、自動車、船舶、電気機器、航空機にまで拡大していった。

日本は産業の発展を促進するために、補助金や、そのあとには関税を利用することができた。だが、これらの政策手段自体は先進技術の採用を保証するものではなかった。問題は、日本人の賃金が非常に低いため、手作業による生産方法のほうが資本集約的な技術よりも費用効率が高いことが多いという点にあった。日本は、工場の設備や運営のあり方を巧みに再設計して資本集約度を低くすることで、この問題に対処していった。綿業におけるとりわけ明確な変化は、ほかの地域では標準であったような工場を一日あたり一回の交替で稼働させるのではなく、一日あたり一一時間の二交替制勤務で稼働させたところにある。資本費用は半分になった。一九四〇年までに、日本はアジア・太平洋戦争でアメリカ合衆国とイギリスを撃破することが想像できるほど、高度に工業化された経済を発展させた。日本の成功は、発展を成功させるための重要な前提条件が、目標を設定する能力とそれを達成するための行政能力を備えた「国家」にあることを浮き彫りにしている。たとえば、一八八六年には、全国民共通の初等教育システムを創設することが決定された。これは、野心的な事業であり、実現するまでに数十年かかった。

明治維新の以前から統治能力と技術力は明らかに存在しており、実際のところ、そうした能力がなければ革命は起こらなかったのかもしれない。したがって、一八〇八年にフェートン号がオランダ商館を攻撃するために入港したとき、日本の軍事組織は鉄製の大砲を装備していなかったために、長崎を防衛することができなかった。地元長崎〔佐賀藩〕の藩主は、技術者と学識者からなる特命の集団を選出して、彼らはライデンの（時代遅れの）鋳造所について解説したオランダ語の書籍を翻訳し、なんとか模倣した大砲を製作した。一八五四年までに、彼らは大砲を鋳造するだけでなく、イギリスから輸入された近代的な後装式アームストロング砲の模造品も製造していた。一八六八年の明治維新は、日本の近代化に尽力した長崎〔佐賀〕の藩主のような前衛的集団を前提としていた。

この点では、日本は特殊だったのかもしれない。ほかの諸国家は、同様の戦略を妨げる政治的・文化的な枠組みによって足を引っ張られていた。一九世紀の中国は、帝国主義諸国の侵略に悩まされ、太平天国の乱によって苦しめられていた。だが、最終的に反乱が鎮圧されたのは、中央集権的な統治を犠牲にするかたちで地方軍閥が台頭することによってであった。諸制度を近代化して国力を強化するという提案は、社会の変化によって立場が脅かされている保守的な集団によって否認されるか、骨抜きにされていった。発展が起こる前には、それらの勢力を一掃する必要があり、一九一二年の清朝の打倒は、そのための一歩であった。ほかの国家でも、文化的特質が同じような役割を果たした。一七九八年のナポレオンによるエジプト侵攻以来、アラブの知識人を悩ませてきた問題とは、イスラーム教が経済発展をどの程度に促進したのか、あるいは遅らせたのか、そして後者の場合、進歩を促進するためにはどのように改革されるべきであるかということにあった。

工業化の「ビッグプッシュ」と開発国家

二〇世紀には、工業化のもたらす利益は以前よりもさらに大きくなった。だが、同じ理由で課題も増大していった。新しい技術には研究開発（R＆D）が必要だが、世界中のほとんどの研究開発は少数のもっとも富裕な経済圏で遂行されている。それらの努力は直面している問題の解決に向けられているため、新しい技術はそうした地域の状況に合わせて調整されている。時間が経過するにつれて、賃金は上昇し、従業員の教育水準も高まった。富裕国は、労働力のこうした特性を活用する技術を発明した。新しい技術はこれまで以上に資本集約的であり、労働者一人あたりの生産量を高めていった。最終的に、生産性の向上は賃金の上昇につながった。先進国経済がより高度な資本労働比率に移行すると、研究開発の努力は、その比率をさらに高めることに向けられる。このようにして、高い賃金が新技術を生み出し、労働者一人あたりの生産量と資本がさらに増加し、それが賃金をふたたび上昇させるという上昇のスパイラルが発生した。このプロセスは二〇世紀後半まで続き、スパイラルが解けると、技術が進歩しても、実質賃金は停滞することになった。

富裕国が低い資本労働比率からより高い資本労働比率に移行すると、当初の日本を除いて、どの国も低い資本労働比率の技術を改善するために、さらに研究開発を遂行することはない。最新のテクノロジーのなかには、低賃金国でも費用効率の高いものもあるが、すべてがそうだというわけではない。その一部は、資本集約的すぎることが判明し、過去のより低い資本労働比率が適切であることが証明された。

この観点からすると、貧困国の多くが国際的に競争できる唯一の産業が繊維生産であることは、驚くべきことではない。鍵となる技術はミシンであった。足踏みミシンは一八五〇年ごろに発明され、電動ミシンは一八八九年に発明された。一九世紀の技術は賃金がはるかに低かったときに発明され、それは、今日の貧困国では依然として費用を最小限に抑える選択肢となっている。貧困国が高賃金と高い生活水準を達成するために必要な先端技術は、彼らの賃金と生活水準が非常に低いため、十分に対価を生むことはなかった。彼らは「貧困の罠」にはまっている。

この運命を避けるために、二〇世紀の政府は単に関税を設定するだけではなく、より介入主義的な政策を講じていった。ソ連は極端な例であった。共産主義体制下ではすべての企業は国有であり、その運営において利潤は考慮されなかった。中央の計画立案者が経済全体と各企業体の生産目標を設定し、管理者は費用に関係なくその目標を達成すると報酬を受け取る。一九二八年に第一次五カ年計画が開始されたとき、人口のほとんどは農業部門に滞留して過剰状態にあり、資本蓄積を達成する必要性が非常に高まった。この目的のためには、中央集権的な計画が効率的であることが証明され、一九八〇年代まで国民総生産（GDP）は急速に上昇して、完全雇用が達成される。この期間に、世界の製造業に占めるソ連の割合は、五パーセントから一五パーセントに上昇した。成長を続けるためには、非効率な工場を閉鎖し、労働者をより生産性の高い企業に移す必要があった。だが、生産量の拡大を重視し、費用面を無視したため、これは不可能であった。ゴルバチョフ大統領は、この問題を克服するために計画機関を廃止し、市場機構を導入したが、これらの変革が効果を生む前にソ連は崩壊してしまった。それ以来、工業の生産高は急激に減少した。「市場」経済に転換しても、成功が保証されるわけではないのである。

ラテンアメリカは、「開発国家」を中心とした、それほど極端ではないモデルにしたがった。市場システムは維持されたが、国家は標準モデルを完全に実施に移し、それを計画化と企業の公有化で拡大していった。関税が高く、社会基盤（インフラストラクチャー）が建設され、国立開発銀行が民間投資を補完し、初めて国民皆教育に近いものが達成されていった。

これらの取り組みは、成功という観点からすれば玉石混交であった。一方で、大規模な成長、都市化、工業生産力の拡大がみられた。他方で、西洋に追いつくためには、成長の速度は十分ではなく、工業生産性は低水準であった。これは、根本的な問題が原因となっていた。ほとんどのラテンアメリカの市場は、企業が「規模の経済」を実現するには小規模すぎた。この点では、アルゼンチンが格好の事例となる。一九六〇年代、自動車組立工場の最小効率規模（ＭＥＳ）は年間二〇万台であったが、エンジンや変速機の工場では一〇〇万台だった。世界の七社、つまりフォード、ゼネラルモーターズ、クライスラー、トヨタ、フィアット、ルノー、フォルクスワーゲンのみが、年間で一〇〇万台以上の数の車を生産していた。一九五九年にアルゼンチンは、国内で販売される自動車の数量の九〇パーセントは、地元で生産されなければならないとの資格要件を導入した。しかし、当時のアルゼンチンの市場は、年間の販売車両数はわずか五万台であった。自動車市場は、一九六五年には一九万五〇〇〇台に成長したが、アルゼンチン企業にとって最小効率規模（ＭＥＳ）に到達するには依然として小さすぎた。その結果、アルゼンチンの自動車生産の生産性は、主要経済国のそれのわずか四〇パーセントであった。規模の問題はラテンアメリカの製造業部門に充満しており、その結果生じた生産性の低さは、この地域の経済的成果が見劣りすることの原因となった。

ラテンアメリカ、一九四七年の独立後のインドなど、開発国家での経済的状況の悪化は、多くの国々で介入主義的国家から「自由市場」へと開発をめぐる政策的シフトを惹起した。このアプローチは、安定化、自由化、民営化の三位一体からなる、いわゆる「ワシントン・コンセンサス」によって具現化されている。

マクロ経済の安定化は投資を促進させ、関税や輸入割当の撤廃による貿易の自由化や国営企業や公社の民営化が、競争を活性化させるはずだった。民営化と自由化は、効率的な企業だけが競争的環境で生き残ることができるため、企業間の競争が高い生産性の源泉であると主張する相互に関連する議論の潮流から、ある程度の支持を得ることになった。保護主義と貿易障壁は、非効率な企業を競争から遮断するために、効率を低下させる可能性がある。国際通貨基金（ＩＭＦ）は、新自由主義の主張に沿って融資先の諸国を構造調整するために、とくに精力的に活動している。新自由主義の支持者はいくつかの良好な結果――チリは頻繁に引用される――を指摘しているが、ワシントン・コンセンサスは無条件の成功とはほど遠いものであった。

一世紀前に比較して、一九五〇年以降は標準モデルがうまく機能しなかった根本的な理由としては、進化したテクノロジーが挙げられる。一九世紀半ばに効率的な工場は、現在よりもはるかに小規模であった。たとえば、一八五〇年代に効率的な高炉は年間五〇〇〇トンを生産していたが、圧延機の最小効率規模（ＭＥＳ）は年間一万五〇〇〇トンの鉄道軌条（レール）であった。アメリカ合衆国では、約八〇万トンの銑鉄と四〇万トンの鉄道軌条が消費された。したがって、国内には効率的な規模の工場があまた存在した。たとえ消費者が高価格で苦しんでも、高率関税政策は非効率な産業構造を生み出すことはなかった。二〇世紀後半では、それは大きく異なっていた。

第二次世界大戦後、日本は、より成功し、その国を製造業大国に変えた開発国家モデルの別の型にしたがった。戦争のもたらした破壊は全面的なものであった。鉄鋼生産量はピーク時の一九四三年の七七〇万トンから減少した。一九四五年には五〇万トンになり、一九五〇年には五〇〇万トンに回復した。当時、鉄鋼所の最小効率規模（ＭＥＳ）は一〇〇万から三〇〇万トンだった。そして日本のほとんどの工場は小規模であり、その結果、日本の鉄鋼価格はアメリカ合衆国よりも五〇パーセントも高いものであった。日本経済は通商産業省〔現経済産業省〕によって指導・監督され、より大規模な工場を設立するために産業界を再編していった。こうして日本は、外国の技術を日本の生産要素価格に合わせて再設計するという明治時代の技術政策を逆転させていった。それに代わって、可能なかぎり最先端の技術を導入し、生産要素価格が追いつくのを待つことが目的になった。一九六〇年代までに鉄鋼所の最小効率規模（ＭＥＳ）は七〇〇万トンに達し、日本はその規模の工場を未開発地に建設した。

自動車生産、造船、エレクトロニクス、耐久消費財でも同様の選択がなされた。

誰がその生産物をすべて購入するつもりだったのであろうか。大部分はアメリカ合衆国に輸出された。日本は、戦後の二つの特徴から恩恵を受けていた。第一に、アメリカは世界有数の工業国で、海外に市場を開放するほうが自国の利益にかなうと感じており、貿易自由化を支持して、一八一六年に始まった高率関税政策は放棄された。第二に、日本は冷戦時代にとくに受益者となった。アメリカは日本を東アジアにおける共産主義に対する前哨基地とみなしており、そのことが日本にアメリカ市場に向けて輸出する機会を与えた。日本の産業の輸出指向性が意味したのは、日本が効率の高い外国生産者に対して競争しなければならなかったことであり、こうした競争がもたらす圧力は日本の生産性の大幅な向上に貢献していった。アメリカ市場へのアクセスは、日本の産業による規模の問題を解決し、その目覚ましい製造業部門の好景気を支えたのであった。アメリカ合衆国の「ラストベルト」の衰退は、「東アジアの奇跡」の裏返しであった。

アメリカ市場はきわめて重要であったが、それだけでは日本の工業製品をすべて吸収するには十分ではなかった。国内市場も拡大する必要があったのである。ここでは、日本の大企業の雇用慣行が大きな役割を果たした。年功序列賃金、終身雇用、企業別組合などによって、日本の労働者は高賃金を獲得して、輸出されない自動車やステレオを購入することができた。主要企業に部品を供給している下請けの中小企業の賃金も、労働市場が逼迫するにつれて上昇していった。日本の実質賃金は、一九五〇年から一九九〇年にかけて急速に上昇していく。そのことが西洋式の繁栄につながり、実行された技術的な選択に正当性を与えていった。

中国は現在、まさに産業革命のただ中にある。一九四九年の革命での共産党の勝利のあと、ソヴィエト式の中央計画システムが創設された。一部の基幹産業が一九六〇年代と一九七〇年代に建設され、鉄鋼生産は一九五〇年の年間一〇〇万トンから一九七八年には三二〇〇万トンに増加したが、その経済成長率は例外的なものではなかった。中国の世界の製造業における占有率は、一九五三年から一九八〇年にかけては二パーセントからわずか五パーセントの増大にとどまった。

中国の経済成長率は一九八〇年代に上昇し、これは従来、一九七八年に鄧小平によって導入された市場指向の改革が原因であると考えられてきた。製造業に関するかぎり、最初の大きな改革は地元幹部への通達にあったが、そこでは自由市場で販売されていた消費財を生産する企業（郷鎮企業）を都市や農村において設立することを求めていた。中国の農民は伝統的に兼業経営をおこなっていたが、郷鎮企業はその能力を社会主義的に再活性化したものであった。計画立案者たちは重工業の発展を重視しており、消費財が大幅に不足したため、郷鎮企業がその需要を満たすことになった。郷鎮企業での雇用は、一九七八年から一九九六年までに二八〇〇万人から一億三五〇〇万人に急増し、ＧＤＰへの貢献は六パーセントから二六パーセントに上昇することになった。一九八〇年代には、重工業部門にも市場関係が導入された。そのときには、調達計画目標は凍結され、余剰生産物は市場で売買されるようになった。一九九二年の第一四回共産党大会では、改革の目的を社会主義市場経済の確立にあると決議した。

こうした目標を念頭に置いて、中国の産業は西洋式に再編されていった。経営体は政府機関としてではなく、企業法人として組織されていた。設備投資は、計画当局ではなく企業によって企画されて、投資は銀行によって資金調達されていった。生産物、材料、労働力が売買される市場が存在している。価格は、需要と供給、利益や損失に応じて変化している。成功できない企業は、市場から脱落することになる。一部の部門では、外国企業が中国企業と競争している。

それは資本主義のようにみえるが、実態はどうなのであろうか。銀行や企業の多くは国有であり、とくに優先分野では、民間企業の参入は許されていない。五カ年計画は、まだ依然として立案されている。国家計画委員会は、国家発展改革委員会に置き換えられた。それは、依然として目標を設定し、企業を監督している。たとえば、鉄鋼業の場合は、すべての企業は国営であり、すべてが国有銀行によって資金提供を受けている。鉄鋼業界には五カ年計画があり、生産能力、工場の配置、合併や買収が指導されている。鉄鉱石の多くを供給する外国の鉱山会社に高額な価格を支払わなくてすむようにするため、現在の計画では、中小企業の排除を求めており、そうすることによって鉄鋼業界が簡単に談合できるようになって、中国政府は外国の供給元の株式を買収している。二〇〇〇年から二〇一三年のあいだに、中国の鉄鋼生産量は、一億二七〇〇万トン（世界全体の一五パーセント）から八億二三〇〇万トン（世界全体の五〇パーセント）にまで増加した。この期間の世界の生産の増大のほぼすべては、中国の拡大によるものだった。成功は、従来の資本主義ではなく、社会主義的市場での計画によるものであった。計画は現在、市場を通じて取り組まれており、太陽光発電や高速鉄道などの製品の開発にもつながっていった。

ほかの点でも、経済は計画によって指導された。標準モデルで言及されている重要な二つの分野、つまり社会基盤と教育は、国家による直接の管理下に置かれた。市場に影響を与えたマクロ経済変数は、開発目標を念頭に置いて選択されていた。為替レートは意図的に過小評価されていた。これら両方とも、中国企業を保護する関税や、中国製品に対する海外の需要を増大させるための輸出補助金のように機能した。現在の計画の取り組みは、消費財に対する内需拡大を目的としており、それによって経済を輸出主導から転換させ、生活水準を急激に上昇させせようとしている。

中国とソ連を比較してみることは示唆的であろう。中国は中央計画のうち効率的であった部分を維持し、逆効果であることが判明した部分を放棄していった。計画的な投資は、首尾よく機能したソ連のシステムの一部であった。企業体に生産目標を設定し、費用を無視した方法は、一九三〇年代には効率的であったが、一九八〇年代までには逆効果になっていった。中国の改革は、生産目標と柔軟な予算制約を市場的社会主義によって置き換えていった。ほとんどの投資が、依然として計画化されている。中国は競争と計画を組み合わせることで、ソヴィエト共産主義のもつ隘路から逃れることが可能となったのである。

産業革命の未来

産業革命に未来はあるのだろうか。主要国で工業化を経験せずに豊かになった国は存在していない。そして、多くの国が依然として貧困状態にあり、そうした諸国も工業化することを期待せざるをえない。現在の中国は、安価な工業製品の供給源となり、将来の工業国家はそれに対抗しなければならないだろう。それは、かつてのイギリスに対するアメリカ合衆国、アメリカ合衆国に対する日本のように、工業国家はその先駆者と競争しなければならなかったことと同じである。

産業革命は、貧しい国から世界へと広がり、豊かな国にも影響を及ぼしている。新たな工業国家が登場すると、先進国は安価な製品と競合することができないことに気づく。その結果、豊かな国の工業部門は縮小しており、経済はサービス部門に重心を移している。

中国に続いて次の産業革命を成し遂げる国は、どこになるのだろうか。歴史の展開に注目していこう……

訳者解題

本書は、Robert C. Allen, *The Industrial Revolution: A Very Short Introduction*（Oxford: Oxford University Press, 2017）の翻訳である。著者のロバート・C・アレンは、一九四七年生まれ、アメリカの経済史の伝統なかで訓練を受け、数多くの著作を発表して、オクスフォード大学教授となった。現在は、ニューヨーク大学アブダビ校の経済史特任教授である。主要な著作としては、本書以外に次のようなものがある。

・*Enclosure and the Yeoman: The Agricultural Development of the South Midlands, 1450–1850*（Oxford: Clarendon Press, 1992）

・*Farm to Factory: A Re-interpretation of the Soviet Industrial Revolution*（Princeton, N.J.: Princeton University Press, 2003）

・*The British Industrial Revolution in Global Perspective*（Cambridge: Cambridge University Press, 2009）〔眞嶋史叙ほか訳『世界史のなかの産業革命――資源・人的資本・グローバル経済』名古屋大学出版会、二〇一七年〕。

・*Global Economic History: A Very Short Introduction*（Oxford: Oxford University Press, 2011）〔グローバル経済史研究会訳『なぜ豊かな国と貧しい国が生まれたのか』ＮＴＴ出版、二〇一二年〕

初期の著作は囲い込みや後進国ロシアの工業化など個別テーマについてのものであったが、産業革命に関する独自の解釈を提出した研究書を公刊したのちは、産業革命やグローバルヒストリーなどに関する一般向けの書物を上梓している。邦訳書としては、前記二冊に続く三冊目となる。

＊

産業革命に関しては、長い論争の歴史がある。

一八八四年に有名なオクスフォード講義においてアーノルド・トインビーが用いたときから、「産業革命」という用語がイギリス人のあいだに定着していった。トインビーによる「産業革命」概念には、いくつかの特徴があった。ひとつは、産業革命を急激な変化、つまり「断絶」と捉えるものである。もうひとつは、産業革命がもたらした悲惨な状況を強調するものである。ここに産業革命に対する「断絶性」と「悲観的解釈」を柱とする古典的見解が確立することになった。

戦間期イギリスの経済史家は、一八世紀後半に発生した産業革命の革命性に対して懐疑的であった。ジョン・クラパムは、綿工業の領域においてさえ一八五〇年までに一部が革命的に変化したにすぎず、経済の諸部門は実質的には変化していなかったという。実質賃金などの統計をとってみると、それ以前の社会は牧歌的で調和的な世界などではなく、むしろ貧困に満ちた社会であり、産業革命によって生活水準は低下しなかったとする。トインビーの「断絶」＝「悲観」説に代わる「連続」＝「楽観」説の登場となる。

第二次世界大戦後の復興ブームのなかでは、産業革命の「革命性」がふたたび注目されるようになった。経済理論家のウォルト・ロストウは、『経済成長の諸段階』（一九六〇年）において、産業革命とは、工業化に向けての「離陸」の時期であり、それは一七八三年から一八〇二年の時期に到来し、その後に経済成長が持続し「大衆消費社会」が実現したとする。他方で、マルクス主義の立場からは、エリック・ホブズボームが、『市民革命と産業革命』（一九六八年）や『産業と帝国』（一九七二年）のなかで、産業革命が人類の生活や世界史に根本的な転換をもたらしたとする。ロストウら近代化論者だけではなく、ホブズボームなどのマルクス主義者は、こぞって革命の「断絶性」を強調したのである。

一九七〇年代から一九八〇年には「英国病」と呼ばれるイギリス経済の停滞を背景として、新たな潮流が生まれた。ニック・クラフツは、「離陸」概念で示された「急激な変化」というよりは「緩慢な成長」をみてとり、一九世紀初頭の国民総生産の成長率や工業生産高の増加率についての従来の統計的な指標を下方修正し、「産業革命」は劇的な経済変動ではなかったと主張した。こうして産業革命の「神話」に対する「偶像破壊」が進められていったのである。

最近では、ふたたび産業革命の劇的な変化や断絶の側面を描こうとしている。この傾向は産業革命論の「リハビリテーション」と呼ばれており、それは次のような問いに答えるかたちで進行している。第一に、なぜ産業革命はイギリスで最初に起こったのかという問題であり、第二に、かつての断絶・連続論争に対応するかたちで、産業革命が「革命」と言われるはなぜかというものであり、そして第三に、悲観・楽観論争への応答として、産業革命によって人びとの生活はどのように変化したのかということである。

＊　＊

こうした研究史の状況を踏まえて、本書におけるアレンの産業革命論を要約すれば、次のようになるだろうか。

第一に、なぜイギリスで産業革命が発生したのかという問いである。それは、最近の文脈では、なぜ一八〇〇年ごろまでは優勢であったアジアなどの地域を凌駕してヨーロッパが世界の経済的覇権を握ることになったのか（「大分岐」）、また、とりわけヨーロッパのなかでもイギリスがその先頭を切ったのはなぜか（「小分岐」）という論争に結びつく。

イングランドは近世のグローバル化した経済のなかで経済発展し、高賃金経済を実現するにいたった（第2章）。このあたりは、農村工業から工業化が始まったとする大塚久雄の議論とも共鳴するところがある。この高い賃金を節約する志向が生まれることで、技術革新への誘因が生じ、産業革命期にはさまざまな発明が実現された。とりわけ、それは綿業や製陶業、蒸気機関の領域で顕著であり、生産性の飛躍的な向上をもたらす工場の発明へとつながったとする。高賃金経済と安価なエネルギー資源の存在、それらが世界経済の再編につながった（第6章）とするのが、アレンの解答であった。

第二に、産業革命はいかなる意味で「革命」と呼ばれるのかということについてである。産業革命の「革命」性は、経済成長率の高さや技術革新の数にあるのではなく、質的な変化、つまり蒸気機関の登場によって石炭資源を利用したエネルギー革命に求められる。それは、科学革命後の実験と観察を特徴とするイングランドの産業的啓蒙が生み出した蒸気機関の発明によって促されていった、というのが最近の解釈である。アレンの『世界史のなかの産業革命』は、産業的啓蒙と技術革新を主題とするものであったが、その成果が本書ではふんだんに生かされている（第3章）。

第三の論点、つまり産業革命によって人びとの生活はどのように変化したのかということについては、アレンは、産業革命による経済変容が、社会構造を変え（第4章）、政治的変革をもたらしたこと（第5章）を指摘している。とりわけ、土地所有階級や中産階級と労働者階級との格差、また労働者階級内部の格差を拡大していったことを強調する。産業革命の影響は、人口動態レベルで人口増加・都市化が加速し、人びとの心性や生活様式を変え、また生活水準の面においては、女性や子どもたちに貧困と格差をもたらすようになった。この点でのアレンの叙述はやや包括性を欠くという印象を否めないが、限られた紙幅においては仕方がないというところか。

＊　＊　＊

近年の欧米では「資本主義」をめぐる歴史的議論が盛んだ。アメリカの大学では歴史学部を中心に「新資本主義史」（New History of Capitalism: NHC）なる潮流が奴隷制と経済発展の結合を強調し、またフランスのトマ・ピケティらは、経済成長と「格差」の関係を分析してアカデミズム内外で大きな影響力をもつ。グローバル化のなかで、格差や貧困の拡大、奴隷制の過去と人種差別の存続、そして気候変動と環境破壊といった構造的問題が浮上してきている現在、本書でのアレンの議論をどのように考えるべきかについては、読者の判断に委ねることにしよう。なお訳者の産業革命論は、山川出版社から世界史リブレット・シリーズの一冊として刊行された『産業革命』（二〇一二年）で詳しく論じているので、そちらを参考にしていただければ幸いである。

本書は小著とはいえ、翻訳には少しばかり時間を要した。訳業が遅れがちになるなか、フリーランス編集者の勝康裕さんからはいつものように適切な励ましと助言をいただき続けた。厚く御礼を申し上げたい。あわせて、白水社編集部の竹園公一朗さんには、本書の出版に向けてご尽力くださったことに感謝申し上げたい。

長谷川　貴彦

二〇二四年八月

訳者略歴
長谷川 貴彦（はせがわ たかひこ）
一九六三年生まれ。東京大学大学院人文社会系研究科博士課程修了。博士（文学）。現在、北海道大学大学院文学研究院教授。専門はイギリス近現代史、歴史理論。主な単著に、『産業革命』（山川出版社、二〇一二年）、『イギリス福祉国家の歴史的源流――近世・近代転換期の中間団体』（東京大学出版会、二〇一四年）、『現代歴史学への展望――言語論的転回を超えて』（岩波書店、二〇一六年）、訳書に、ピーター・バーク『文化史とは何か』（法政大学出版局、二〇〇八年／増補第二版、二〇一九年）、リン・ハント『なぜ歴史を学ぶのか』（岩波書店、二〇一九年）など多数ある。

産業革命
起源・歴史・現在

二〇二四年一二月一〇日 第一刷発行
二〇二五年 五 月三〇日 第三刷発行

著者 ロバート・C・アレン
訳者 ©長谷川貴彦
編集 勝康裕
発行者 岩堀雅己
印刷所 株式会社理想社
発行所 株式会社白水社

東京都千代田区神田小川町三の二四
電話 営業部〇三（三二九一）七八一一
　　 編集部〇三（三二九一）七八二一
振替 〇〇一九〇・五・三三二二八
郵便番号 一〇一・〇〇五二
www.hakusuisha.co.jp
乱丁・落丁本は、送料小社負担にてお取り替えいたします。

誠製本株式会社

ISBN978-4-560-09139-5
Printed in Japan

索　引

［ア　行］
アークライト，リチャード（Arkwright, Richard）　15, 58, 93, 94
アメリカ合衆国　163–165
　産業革命　148–150
　賃金　64–65
アメリカの製造業　143
アーリー，エドワード（Earley, Edward）　103
アーリー，ジョン（Earley, John）　121
アルゼンチン　162
アレン，ロバート（Allen, Robert）　50
安定化　162
イギリスの国民総生産　18–19
イタリア　33
イングランドの封建制度　24
インド　155–156
　植民地　37–39
　生活水準　46
　製造業　141–143, 147
　農業　147
　綿業　55–58, 61
ウィットニー，イギリス（ウィットニー毛布組合［Witney Blanket Company］）　29–33, 111, 121
ヴィラーズ，チャールズ，ペラム（Villiers, Charles Pelham）　129
ウィールドン，トマス（Whieldon, Thomas）　77
ウェッジウッド，ジョサイア（Wedgwood, Josiah）　76, 80
ヴェーバー，マックス（Weber, Max）　25
ウォール，ジョン（Wall, John）　79
栄養価　49
『エコノミスト *The Economist*』誌　129
エジソン，トマス（Edison, Thomas）　48
エジプト　155
エネルギー革命　12
エネルギー源　65–66, 69
エネルギー産業　42
エンゲルス，フリードリヒ（Engels, Friedrich）　133
オーウェン，ロバート（Owen, Robert）　130
王立協会（Royal Society）　54, 70, 76, 77
オコナー，ファーガス（O’Connor, Fergus）　136–137
オズボーン，リチャード（Osborne, Richard）　121
オスマン帝国　75, 155
オランダ　36
　生活水準　47
織物業　56–57, 60–61
織物産業／繊維産業　29–33, 111–112, 160
織物産業の工場生産　62–64

[カ　行]

階級構造　85–107
　三階級モデル　113
改正救貧法（Poor Law Amendment Act, 1834 年）　108, 128–129, 135
開発国家　161–165
科学革命　25, 54–55, 65
格差，労働者階級内部　97–101, 107–108
囲い込み　117
課税　24
稼ぎ手　90–91
下層中産階級　88–91, 92, 94–95
カートライト，エドモンド（Cartwright, Edmund）　15, 60
カフーン，パトリック（Colquhoun, Patrick）　86, 88
窯　79–80
カーライル，トマス（Carlyle, Thomas）　132
ガリレオ・ガリレイ（Galileo Galilei）　66
カルヴァン主義　25
韓国　144
関税同盟（Zollverein［Customs Union］）　152
機械
　靴下編み　99–100
　織布業　60
　手作業の代替部門　13, 111–112, 131–132
　発明　14–15, 30–33
　綿業における——　55–62
機械打ち壊し　118–119, 127
議会の優越　24
機関車　81
技術
　研究開発　159
　繊維産業における——　160
　20 世紀　150
　→「機械」もみよ
技術革命　15
貴族院　115, 130
救貧法（Poor Law, 1601 年）　87, 90, 115–116
教育　102–103, 149–150, 153
共産主義　160
キング，グレゴリー（King, Gregory）　86, 87, 89–90
クックワージー，ウィリアム（Cookworthy, William）　75
靴下編み機　99–100
クリスティ，ヘンリー（Christy, Henry）　65
クリスティ帽子工場，バーモンジー　62–64
クリーム色焼き　76–77
クレイ，ヘンリー（Clay, Henry）　149
グローバル化　23, 37, 146
クロンプトン，サミュエル（Crompton, Samuel）　15, 56, 58
ケイ，ジョン（Kay, John）　58
『経済学の国民的体系 *The National System of Political Economy*』（リスト）　152
経済変動　12, 17–23, 25, 42–48
毛織物産業　63–65
月光協会（Lunar Society）　54
研究開発（R&D）　159
健康　48–49, 103–107
建築労働者　98
工業化　159–160
公衆衛生　104–106
工場
　生産性　157
　手工業労働者の代替　101
工場改革　130
工場法（Factory Act, 1833 年）　135

郷鎮企業　165–166
交通革命　17, 20
功利主義　132
国際貿易　23, 37–39, 53
　陶器における――　73
国勢調査データ　86, 133
穀物価格　123–124, 128, 130
穀物法（Corn Laws, 1815 年）　13, 107, 129–130
　廃止　97
国連人間開発指数（United Nations Human Development Index）　48
国家介入による改革　132
コットン，ウィリアム（Cotton, William）　101
コート，ヘンリー（Cort, Henry）　15
コブデン，リチャード（Cobden, Richard）　129
コベット，ウィリアム（Cobett, William）　32
コモン・スクール運動（Common School Movement）　149, 153
小屋住み農と貧民　87, 89, 92
雇用と自営　121
雇用立法　134

［サ　行］
最小効率規模（MES）　162, 163
財政革命　17　→「経済変動」もみよ
サドラー，ジョン（Sadler, John）　78
サドラー，マイケル・トマス（Sadler, Michael Thomas）　132
産業革命（Industrial Revolution）
　イギリス的特質　53–83
　イギリスと諸国　145–148
　――の終焉　81–83, 139
　賛否両論　10–12, 21
産業革命
　アメリカ合衆国　148–150
　諸国における――　141–148, 154–169
　中国　165–168
　未来　168
　ヨーロッパ　151–153
産業的啓蒙　54, 55, 70, 73–75
仕上げ工程
　織物産業　61
　製陶業／陶器産業　78–79
ジェニー紡績機　30, 58
識字率　49–50, 102
『時代の兆候 *Signs of the Times*』（カーライル）　131
児童
　工場での雇用　133–134
　児童労働者　103
　幼児死亡率　104
自動車産業　162
資本主義　22, 40, 109–110
資本主義的農業　22, 40
資本蓄積　19
『資本論 *Capital*』（マルクス）　139
社会階級，投票権　14
社会統計表　85–95
社会福祉　133–135
ジャクソン大統領，アンドルー（Jackson, President Andrew）　150
自由化　162
宗教改革　25
宗教変動　25
熟練職人　121
手工業部門　13
手工業労働者　101
シュンペーター，ヨーゼフ（Schumpeter, Joseph）　13, 110, 112
蒸気機関　15, 42, 63, 65–72
商業革命　12
蒸気力　33, 81–83
植民地主義　12, 23, 24, 38–39, 116

食糧暴動　117–118
ジョージ三世（George III, King）　25
織工　29–33, 98–99, 111, 121
所得　90–95, 107–112
　労働者階級　95–101
庶民院　115, 129
新救貧法（New Poor Law, 1834 年）
　　108, 128, 135
人口
　健康　48–49
　識字率　48–51
　農業，都市，農村部　34–36
人口革命　15–16
人口増加　15–16, 127
人口変動，実質賃金　42–48
清帝国　159
人民憲章（People's Charter, 1838 年）
　　135–137
水力　80
スペイン　38
スポード，ジョン（Spode, John）　79
スポード一世，ジョサイア（Spode, Josiah I）　77
スミー，ウィリアム（Smee, William）
　　86
スミス，アダム（Smith, Adam）　113, 129
スミートン，ジョン（Smeaton, John）
　　70, 75–76
セイヴァリー，トマス（Savery, Thomas）　67, 70
生活水準　42–48, 92
生産性　12, 14, 20, 163
成人の身長　48–49, 106–107
製造業　20
『製造業に関する報告 *Report on Manufactures*』（ハミルトン）
　　153
製鉄業　14–15
製陶業／陶器産業　73–83
世界の産業革命　141–148, 154–169
世界の製造業　141–145
石炭革命　40–41
石炭火力　65, 67–69
繊維産業　→「織物産業／繊維産業」をみよ
選挙法改革（Reform Act, 1832 年）　13, 108, 126–127, 135–137
　選挙法改革要求　122–126
戦争，国際貿易への影響　107
船舶　82–83
ソヴィエト社会主義共和国連邦　160–161, 165
　製造業　144
ソヴィエト連邦／ソ連　→「ソヴィエト社会主義共和国連邦」をみよ
「創造的破壊 Creative Destruction」理論　110–111

［タ　行］

大西洋経済　12
台湾　144
タウンセンド，マシュー（Townshend, Matthew）　101
脱工業化　146–147
ダービー，エイブラハム（Darby, Abraham）　14
治安判事　117
チャーティスト運動（Chartist movement）　14, 136–137
中国　73–75, 78, 80, 141–143, 144, 158, 165–168
中産階級　87
　下層　88, 91, 92, 94–95
　健康　106–107
　穀物法　128–130
　支配　126
　社会改革家　132

選挙法改革要求　122
中東　155
賃金　21, 160
実質　42–48
賃金規制　115
つなぎ職人　102
ディアス，ポルフォリオ（Díaz, Porfirio）　154
帝国主義　12, 23, 24, 38–39, 116
ディズレイリ，ベンジャミン（Disraeli, Benjamin）　132
デサグリエ，ジョン・テオフィリス（Desaguliers, John Theophilus）　68
データ収集　133
鉄鋼業　163–164, 166–167
鉄道　82
ドイツ　152–153
トインビー，アーノルド（Toynbee, Arnold）　12
陶器産業　→「製陶業／陶器産業」をみよ
陶器への捺染　78–79
陶磁器　73–74
鄧小平　165
都市化，平均余命　104–105
都市革命　16
都市人口　42–43
農村と農業人口　33–36
土地所有　120
土地所有階級　11, 86–88, 90–93, 107, 115–116, 130
トーリー主義　135
トリチェリ，エヴァンジェリスタ（Torricelli, Evangelista）　66
奴隷制　23
トレヴィシック，リチャード（Trevithick, Richard）　82
ドワイト，ジョン（Dwight, John）　74, 77

［ナ　行］

ナポレオン（Napoléon Ier）　122, 151
日本　144, 156–159, 163–165
ニューコメン，トマス（Newcomen, Thomas）　15, 66–67, 68
ニューポート蜂起　136–137
ニューラナーク工場　130
『人間の権利 *The Rights of Man*』（ペイン）　121–122
燃料産業　41–42
燃料消費（燃費）　68–69
農業，都市，農村人口　34–36
農業革命　12, 16, 39–40
農場労働者　98–99, 127
農村人口　22
都市と農業人口　34–36
平均余命　104–105
農民　89, 93, 94–95, 107
『ノーザン・スター *Northern Star*』紙　136

［ハ　行］

バイロン卿（Byron, Lord）　118–119
バクスター，ダッドリー（Baxter, Dudley）　86, 87, 139
ハーグリーヴス，ジェームズ（Hargreaves, James）　15, 58
バジョット，ウォルター（Bagehot, Walter）　129
恥ずかしくないバスケット　44–47
バスケット
必要最低限の生活　44–45
バスケット，経済の計測手段としての　44–48
バスティーユ監獄　120
発明　14–15, 30–33, 56, 99–100
蒸気機関　65–71
ハドソン湾会社（Hudson Bay Company）　30

パパン，デニス（Papin, Denis）　66
ハミルトン，アレクサンダー（Hamilton, Alexander）　149, 152
反穀物法同盟（Anti–Corn Law League）　129
ハンツマン，ベンジャミン（Huntsman, Benjamin）　14
東アジア　156–159
　製造業　143–145
東インド会社（East India Company）　58
ヒースコート，ジョン（Heathcote, John）　100
ピータールーの虐殺（1819 年）　122–123
ピット，トマス（Pitt, Thomas）　75
必要最低限のバスケット　91–93, 95, 96–97
必要最低限の割合　46
ピューリタニズム　25
標準モデル
　アメリカ合衆国　148–150
　周辺国　154–169
　ヨーロッパ　151–153
ピール，ロバート（Peel, Robert）　130
貧困　11, 21, 100–101, 107–108, 131
貧民　89–90, 92, 98
フェルト生産　64
フォン・ゲーリケ〔グエリケ〕，オットー，マグデブルクの（von Guericke, Otto, of Magdebourg）　66
ブース，イーノック（Booth, Enoch）　77
普通選挙権　112–126, 135–136
ブライト，ジョン（Bright, John）　129
ブラック博士，ジョセフ（Black, Dr Joseph）　71
フランス革命　119–120, 151
フリードリヒ大王（Friedrich the Great）　153
ブリューゲル，ペーテル（Bruegel, Pieter）　9
ブルークス，ジョン（Brooks, John）　78
ブルジョワジー　88, 91–92, 93
フルトン，ロバート（Fulton, Robert）　82
ブルネル，イスマバード・キングダム（Brunel, Isambard Kingdom）　82–83
ブルネル，マーク・イスマバード（Brunel, Marc Isambard）　101
プレイス，フランシス（Place, Francis）　124
ブロックルハースト，ジョン（Brockelhurst, John）　147
プロテスタンティズム　25
プロト工業革命　36
平均余命　104–106
ペイン，トマス（Paine, Thomas）　120–122
ベンサム，ジェレミー（Bentham, Jeremy）　132
ベンティック，ウィリアム（Bentick, William）　147
貿易
　国際　23, 37–39, 53
　製陶業における――　73
　戦争の影響　107
帽子産業　63–64
紡績機　55–60
ホブズボーム，エリック（Hobsbawm, Eric）　55
ポール，ルイス（Paul, Lewis）　58

［マ　行］

マクロ発明　54

魔女裁判　26
マッシー，ジョセフ（Massie, Joseph）
　86
マルクス，カール（Marx, Karl）　22–23, 109–110, 138–139
マルサス，ロバート（Malthus, Robert）
　16, 109, 127, 134
マルサス的停滞　43
ミシン　160
ミル，ジェームズ（Mill, James）　124
ミル，ジョン・スチュアート（Mill, John Stuart）　109, 126
民営化　162
民主主義　14
ミントン，トマス（Minton, Thomas）
　79
ムハマド・アリー（Muhammad Ali）
　155
明治維新　156–158
迷信　26
名誉革命（1688 年）　24–25
メキシコ　154–155
綿業　14, 55–61, 81, 102–103
　インド　147
　児童の雇用　135
　ヨーロッパ　151

［ヤ　行］

柳模様陶器　79
ヤング，アーサー（Young, Arthur）
　32
輸送
　国際貿易　37–39
　水路　82–83
　鉄道　82
ヨーロッパ
　製造業　143
　標準モデル　151–153
　北部　33–36

［ラ　行］

ラダイト運動（Luddites）　118–119
ラテンアメリカ　161–163
リー，ウィリアム（Lee, William）
　100
リカード，デヴィッド（Ricardo, David）　123–124, 129
力織機　111–112
力織機発明　30
リスト，フリードリヒ（List, Friedrich）　152
レース織　100
ロウソク産業　20
労働組合　138
労働組合に関する王立委員会（Royal Commission on Trade Unions）　138
労働組合評議会　138
労働者
　機械による余剰　30–32
　賃金　21
労働者階級　87, 89, 92, 95–98
　格差　97–101, 127–128
　救貧　127–129
　教育　102–103
　社会福祉　133–135
　抵抗と機械打ち壊し　118–119
　普通選挙権要求　122–126, 135–136
　労働組合組織　138
労働者階級の選挙権　14
労働者の状態　11–12
労働需要　43, 48
ロシア　154–155
ローバック，ジョン（Roebuck, John）
　72
ロンドン通信協会（London Corresponding Society）　121
ロンドン労働組合評議会（London Trades Council）　138

［ワ　行］
ワイアット，ジョン（Wyatt, John）
58
ワークハウス（労役所）127–128
ワークハウス審査法（Workhouse Test Act, 1723年）127
ワシントン・コンセンサス　162
ワット，ジェームズ（Watt, James）
15, 69, 70–72
ワーテルロー（1815年）122, 151

出版社による謝辞

本書に，以下の著作物を掲載する許可をいただいたことに感謝します。

Robert Allen, ‘Technology’, in Roderick Floud, Jane Humphries, and Paul Johnson（eds）, *The Cambridge Economic History of Modern Britain*, 2nd edn（Cambridge: Cambridge University Press, 2014）, © Cambridge University Press より抜粋，許可を得て転載。

出版社および著者は，出版前にすべての著作権所有者を調査して，連絡を取るためあらゆる努力を払いました。その旨ご指摘いただければ，出版社は可能なかぎり速やかに誤りや脱落を修正いたします。

読書案内

第1章　過去と現在

産業革命に関する簡潔だが刺激的な導入は，Eric Hobsbawm, *The Age of Revolution, 1789–1848*, London, 1962〔エリック・J・ホブズボーム／安川悦子・水田洋訳『市民革命と産業革命――二重革命の時代』岩波書店，1968年〕である。

このテーマに関して最近の研究を概観した指導的な歴史家たちによる共著作品は，*The Cambridge Economic History of Modern Britain*, Vol. I: *1760–1870*, ed. by Roderick Floud, Jane Humphries, and Paul Johnson, Cambridge, 2014である。

古典的経済学者が，依然として議論を支配している主題を定義している。

Adam Smith, *An Inquiry into the Nature and Causes of the Wealth of Nations* (1776), ed. E. Cannan, New York, 1937〔アダム・スミス／水田洋監訳，杉山忠平訳『国富論』全4冊，岩波文庫，2000–2001年〕.

Thomas R. Malthus, *An Essay on the Principle of Population* (1803), ed. by Patricia James, Cambridge, 1989〔トマス・マルサス／大淵寛ほか訳『人口の原理』中央大学出版部，1985年〕.

Karl Marx, *Capital* (1867), Vol. 1〔カール・マルクス／大内兵衛・細川嘉六監訳『資本論』第1巻，二分冊，マルクス＝エンゲルス全集，第23巻ab，大月書店，1965–1967年〕.

Friedrich Engels, *The Condition of the Working Class in England*, 1844〔フリードリヒ・エンゲルス／一條和生・杉山忠平訳『イギリスにおける労働者階級の状態――19世紀のロンドンとマンチェスター』上下，岩波文庫，1990年〕.

現代の研究の主たる潮流は，産業革命期の国民所得を再構築しようとしている。重要な作品には，以下のものが含まれる。

Phyllis Deane and W. A. Cole, *British Economic Growth, 1688–1959: Trends and Structure*, 2nd edn, Cambridge, 1969.

Nick Crafts, *British Economic Growth during the Industrial Revolution*, Oxford, 1985.

Knick Harley, 'British Industrialization before 1841: Evidence of Slower Growth during the Industrial Revolution', *Journal of Economic History*, Vol. 42, 1982, pp. 267–89.

Peter Temin, 'Two Views of the British Industrial Revolution', *Journal of Economic History*, 1997, Vol. 57, pp. 63–82.
Stephen Broadberry, Alexander Klein, Bas van Leeuwen, Bruce Campbell, and Mark Overton, *British Economic Growth, 1270–1870*, Cambridge, 2015.

多くの歴史家は，いまやヨーロッパとアジアの「大分岐」のなかに産業革命を位置づけるようになっている。

Kenneth Pomeranz, *The Great Divergence: China, Europe, and the Making of the Modern World Economy*, Cambridge, MA, 2000〔ケネス・ポメランツ／川北稔監訳『大分岐——中国，ヨーロッパ，そして近代世界経済の形成』名古屋大学出版会，2015 年〕.
R. Bin Wong, *China Transformed: Historical Change and the Limits of European Experience*, New York, 1997.
James Lee and Wang Feng, *One Quarter of Humanity: Malthusian Mythology and Chinese Realities, 1700–2000*, Cambridge, MA, 1999.
Jack Goldstone, *Why Europe? The Rise of the West in World History 1500–1850*, Amsterdam, 2008.
Angus Maddison, *The World Economy: A Millennial Perspective*, London, 2006〔アンガス・マディソン／政治経済研究所訳『経済統計で見る世界経済 2000 年史』柏書房，2004 年〕.

旧世代の歴史家は，この時期の理解に対して依然として多くの素材を提供してくれる。

Paul Mantoux, *The Industrial Revolution in the Eighteenth Century: An Outline of the beginnings of the Modern Factory System in England*, trans. by Marjorie Vernon, Rev. edn, London, 1928〔ポール・マントゥ／徳増栄太郎・井上幸治・遠藤輝明訳『産業革命』東洋経済新報社，1964 年〕.
J. L. Hammond and B. B. Hammond, *The Village Labourer, 1760–1832: A Study in the Government of England before the Reform Bill*, London, 1913.
J. L. Hammond and B. B. Hammond, *The Town Labourer, 1760–1832: The New Civilisation*, London, 1917.
Ivy Pinchbeck, *Women Workers and the Industrial Revolution, 1750–1850*, London, 1930.
Alfred P. Wadsworth and Julia de Lacy Mann, *The Cotton Trade and Industrial Lancashire, 1600–1780*, Manchester, 1931.
J. U. Neff, *The Rise of the British Coal Industry*, London, 1932.
Eric Williams, *Capitalism and Slavery*, New York, 1944〔エリック・ウィリアムズ／中山毅訳『資本主義と奴隷制』ちくま学芸文庫，2020 年〕.
T. S. Ashton, *The Industrial Revolution 1760–1830*, Oxford, 1948〔トマス・S・アシュ

トン／中川敬一郎訳『産業革命』岩波文庫，1973年〕.

ほかにもかなりの注目を集めている論点には，奴隷制，農業，人口動態，国際貿易，金融，国家体制などがある。

Robert Brenner, 'Agrarian Class Structure and Economic Development in Pre-Industrial Europe'（1976）, in T. H. Aston and C. H. E. Philpin（eds）, *The Brenner Debate*, Cambridge, 1985, pp. 10–63〔ロバート・ブレナー「産業化以前のヨーロッパにおける農村の階級構造と経済発展」山家歩・田﨑愼吾・沖公祐訳『所有と進歩――ブレナー論争』日本経済評論社，2013年〕.

Joseph E. Inikori, *Africans and the Industrial Revolution in England: A Study in International Trade and Economic Development*, Cambridge, 2002.

E. A. Wrigley and R. S. Schofield, *The Population History of England, 1541–1871*, London, 1981.

Jan Luiten van Zanden, *The Long Road to the Industrial Revolution: The European Economy in a Global Perspective, 1000–1800*, London, 2009.

Larry Neal, *The Rise of Financial Capitalism: International Capital Markets in the Age of Reason*, Cambridge, 1990.

Gregory Clark, Kevin O'Rourke, and Alan M. Taylor, 'The Growing Dependence of Britain on Trade during the Industrial Revolution', *Scandinavian Economic History Review*, 2014, Vol. 62, pp. 109–36.

D. C. North and B. R. Weingast, 'Constitutions and Commitment: Evolution of Institutions Governing Public Choice in Seventeenth Century England', *Journal of Economic History*, 1989, Vol. 49, pp. 803–32.

Dan Bogart and Gary Richardson, 'Property Rights and Parliament in Industrializing Britain', *Journal of Law and Economics*, 2011, Vol. 54, pp. 241–74.

Dan Bogart, 'Did the Glorious Revolution Contribute to the Transport Revolution? Evidence from Investment in Roads and Rivers', *Economic History Review*, 2011, Vol. 64, pp. 1073–112.

第2章　産業革命の前提条件，1500–1700年

Max Weber, *The Protestant Ethic and the Spirit of Capitalism*, 1905〔マックス・ヴェーバー／大塚久雄訳『プロテスタンティズムの倫理と資本主義の精神』改訳，岩波文庫，1989年〕.

Sascha O. Becker and Ludger Woessmann, 'Was Weber Wrong? A Human Capital Theory of Protestant Economic History', *Quarterly Journal of Economics*, 2009, Vol. 124, pp. 531–96.

Jan de Vries, *The Industrious Revolution: Consumer Behavior and the Household Economy, 1650 to the Present*, Cambridge, 2008〔ヤン・ド・フリース／吉田敦・東風

谷太一訳『勤勉革命——資本主義を生んだ17世紀の消費行動』筑摩書房，2021年〕．

Robert C. Allen, 'The Great Divergence in European Wages and Prices from the Middle Ages to the First World War', *Explorations in Economic History*, Vol. 38, October, 2001, pp. 411–47.

Robert C. Allen, 'Poverty and Progress in Early Modern Europe', *Economic History Review*, 2003, Vol. LVI, pp. 403–43.

Francesco Cinnirella, 'Optimists or Pessimists? A Reconsideration of Nutritional Status in Britain, 1740–1865,' *European Review of Economic History*, 2008, Vol. 12, pp. 325–54.

Robert C. Allen, *Enclosure and the Yeoman*, Oxford, 1992.

Jan de Vries and Ad van der Woude, *The First Modern Economy: Success, Failure and Perseverance of the Dutch Economy, 1500–1815*, Cambridge, 1997〔J・ド・フリース，A・ファン・デァ・ワウデ著／大西吉之・杉浦未樹訳『最初の近代経済——オランダ経済の成功・失敗と持続力 1500–1815』名古屋大学出版会，2009年〕．

J. Hatcher, *The History of the British Coal Industry*. Vol. I: *Before 1700: Towards the Age of Coal*, Oxford, 1993.

Tine De Moor and Jan Luiten Van Zanden, 'Girl Power: The European Marriage Pattern and Labour Markets in the North Sea Region in the Late Medieval and Early Modern Period', *Economic History Review*, 2010, Vol. 63, pp. 1–33.

第3章　なぜ産業革命はイギリスから始まったのか？

大いに論争されてきた問題は，産業革命の技術革新が発生した場所と時間についてである。リストにある作品は，答えを出すためにかなり多様なアプローチをとっている。

Robert C. Allen, *The British Industrial Revolution in Global Perspective*, Cambridge, 2009〔ロバート・C・アレン／眞嶋史叙ほか訳『世界史のなかの産業革命——資源・人的資本・グローバル経済』名古屋大学出版会，2017年〕．

Joel Mokyr, *The Enlightened Economy: An Economic History of Britain, 1700–1850*, New York, 2010.

Margaret C. Jacob, *Scientific Culture and the Making of the Industrial West*, Oxford, 1997.

Maxine Berg, *Luxury & Pleasure in Eighteenth Century Britain*, Oxford, 2005.

Giorgio Riello, *Cotton: The Fabric that Made the Modern World*, Cambridge, 2013.

Steve Broadberry and Bishu Gupta, 'The Early Modern Great Divergence: Wages, Prices and Economic Development in Europe and Asia, 1500–1800', *The Economic History Review*, 2006, Vol. 59, pp. 2–31.

Eltjo Buringh and Jan Luiten Van Zanden, 'Charting the "Rise of the West": Manuscripts

and Printed Books in Europe, A Long-Term Perspective from the Sixth through Eighteenth Centuries', *The Journal of Economic History*, 2009, Vol. 69, pp. 409–45.

Jan Luiten Van Zanden, 'The Skill Premium and the "Great Divergence" ', *European Review of Economic History*, 2009, Vol. 13, pp. 121–53.

Morgan Kelly, Joel Mokyr, and Cormac O Grada, 2014, 'Precocious Albion: A New Interpretation of the British Industrial Revolution', *Annual Review of Economics*, 2014, Vol. 6, pp. 363–89.

E. A. Wrigley, *The Path to Sustained Growth: England's Transition from an Organic Economy to an Industrial Economy*, Cambridge, 2016.

Nicholas Crafts, 'Steam as a General Purpose Technology: A Growth Accounting Perspective', *The Economic Journal*, 2004, Vol. 114, No. 495, pp. 338–51.

Nuvolari, Alessandro, 'Collective Invention during the British Industrial Revolution: The Case of the Cornish Pumping Engine', *Cambridge Journal of Economics*, 2004, Vol. 28, pp. 347–63.

Christine MacLeod, *Heroes of Invention: Technology, Liberalism and British Identity, 1750–1914*, Cambridge, 2007.

第4章　イギリスの変容

Friedrich Engels, *The Condition of the Working Class in England*, 1844〔フリードリヒ・エンゲルス／一條和生・杉山忠平訳『イギリスにおける労働者階級の状態――19世紀のロンドンとマンチェスター』上下，岩波文庫，1990年〕.

C. H. Feinstein, 'Pessimism Perpetuated: Real Wages and the Standard of Living in Britain During and After the Industrial Revolution', *Journal of Economic History*, 1998, Vol. 58, pp. 625–58.

Jane Humphries, *Childhood and Child Labour in the British Industrial Revolution*, Cambridge, 2010〔ジェーン・ハンフリーズ／原伸子ほか訳『イギリス産業革命期の子どもと労働――労働者の自伝から』法政大学出版局，2022年〕.

Robert W. Fogel, *The Escape from Hunger and Premature Death, 1700–2100: Europe, America, and the Third World*, Cambridge, 2004.

Angus Deaton, *The Great Escape: Health, Wealth, and the Origins of Inequality*, Princeton, NJ, 2013〔アンガス・ディートン／松本裕訳『大脱出――健康，お金，格差の起原』みすず書房，2014年〕.

R. Floud, R. Fogel, B. Harris, and S. C. Hong, *The Changing Body: Health, Nutrition, and Human Development in the West since 1700*, Cambridge, 2011.

Bernard Harris, 'Public Health, Nutrition, and the Decline of Mortality: The McKeown Thesis Revisited', *Social History of Medicine*, 2004, Vol. 17, No. 3, pp. 394–6.

David Mitch, 'The Role of Human Capital in the First Industrial Revolution', in Joel Mokyr (ed.), *The British Industrial Revolution: An Economic Perspective*, Boulder,

CO, 1993, pp. 267–307.

David Mitch, 'Education and Skill of the British Labour Force', in Roderick Floud and Paul Johnson (eds), *The Cambridge Economic History of Modern Britain*, Cambridge, 2004, Vol. I, 1700–1860, pp. 332–56.

Joseph Schumpeter, *Capitalism, Socialism, and Democracy*, 1942〔ヨーゼフ・A・シュムペーター／中山伊知郎・東畑精一訳『資本主義・社会主義・民主主義』新装版，東洋経済新報社，1995 年〕.

第 5 章　改革と民主主義

Boyd Hilton, *A Mad, Bad, and Dangerous People?: England 1783–1846*, Oxford, 2008.

Peter H. Lindert, *Growing Public: Social Spending and Economic Growth since the Eighteenth Century*, Cambridge, 2004, 2 volumes.

Harold James Perkin, *The Origins of Modern English Society*, 2nd edn, London, 2002.

E. P. Thompson, *The Making of the English Working Class*, London, 1963〔エドワード・P・トムスン／市橋秀夫・芳賀健一訳『イングランド労働者階級の形成』青弓社，2003 年〕.

Emma Griffin, 'The Making of the Chartists: Popular Politics and Working-class Autobiography in Early Victorian Britain', *English Historical Review*, 2014, Vol. 129, No. 538, pp. 578–605.

Miles Taylor, 'Rethinking the Chartists: Searching for Synthesis in the Historiography of Chartism', *Historical Journal*, 1996, Vol. 39, pp. 479–95.

Dorothy Thompson, *The Chartists: Popular Politics in the Industrial Revolution*, New York, 1984〔ドロシィ・トムスン／古賀秀男・岡本充弘訳『チャーティスト——産業革命期の民衆政治運動』日本評論社，1988 年〕.

C. Schonhardt-Bailey, *From the Corn Laws to Free Trade: Interests, Ideas, and Institutions in Historical Perspective*, Cambridge, MA, 2006.

B. Semmel, *The Rise of Free Trade Imperialism: Classical Political Economy the Empire of Free Trade and Imperialism, 1750–1850*, Cambridge, 2004.

Antonia Fraser, *Perilous Question: The Drama of the Great Reform Bill 1832*, London, 2013.

Peter Mandler, *Aristocratic Government in the Age of Reform: Whigs and Liberals, 1830–1852*, Oxford, 1990.

Bruce Morrison, 'Channeling the "Restless Spirit of Innovation": Elite Concessions and Institutional Change in the British Reform Act of 1832', *World Politics*, 2011, Vol. 63, pp. 678–710.

第 6 章　産業革命の世界的拡大

本章の議論は，以下の書物で詳細に展開されている。Robert C. Allen, *Global Economic History: A Very Short Introduction*, Oxford, 2011〔ロバート・C・アレン／グローバル経済史研究会訳『なぜ豊かな国と貧しい国が生まれたのか』NTT 出版，2012 年〕. この書物では，読書案内がさらに充実している。

以下の書物は，少数ではあるが重要な作品である。

James Robinson and Daron Acemoglu, *Why Nations Fail: The Origins of Power, Prosperity, and Poverty*, London, 2011〔ダロン・アセモグル，ジェイムズ・A・ロビンソン／鬼沢忍訳『国家はなぜ衰退するのか——権力・繁栄・貧困の起源』上下，ハヤカワ文庫，2016 年〕.

Douglas North, *Institutions, Institutional Change, and Economic Performance*, Cambridge, 1990〔ダグラス・C・ノース／竹下公視訳『制度・制度変化・経済成果』晃洋書房，1994 年〕.

Stephen Broadberry and Kevin O'Rourke, *The Cambridge Economic History of Modern Europe*, Cambridge, 2010.

David S. Landes, *The Unbound Prometheus: Technological Change and Industrial Development in Western Europe from 1750 to the Present*, Cambridge, 1969〔デヴィッド・S・ランデス／石坂昭雄・冨岡庄一訳『西ヨーロッパ工業史——産業革命とその後 1750–1968』1・2，みすず書房，1980–1982 年〕.

Patrick K. O'Brien and C. Keyder, *Economic Growth in Britain and France, 1780–1914: Two Paths to the Twentieth Century*, London, 1978.

Alexander Gerschenkron, *Economic Backwardness in Historical Perspective*, Cambridge, MA, 1962〔アレクサンダー・ガーシェンクロン／池田美智子訳『経済後進性の史的展望』日本経済評論社，2016 年〕.

Ha-Joon Chang, *Kicking Away the Ladder: Development Strategy in Historical Perspective*, London, 2002〔ハジュン・チャン／横川信治・張馨元・横川太郎訳『はしごを外せ——蹴落とされる発展途上国』日本評論社，2009 年〕.

Stanley L. Engerman and Kenneth L. Sokoloff, *Economic Development in the Americas since 1500: Endowments and Institutions*, Cambridge, 2012.

Robert C. Allen, *Farm to Factory: A Reinterpretation of the Soviet Industrial Revolution*, Princeton, NJ, 2003.

Ronald Findlay and Kevin O'Rourke, *Power and Plenty: Trade, War, and the World Economy in the Second Millennium*, Princeton, NJ, 2007.

Jeffrey G. Williamson, *Trade and Poverty: When the Third World Fell Behind*, Cambridge, MA, 2011.

Agustin Benetrix, Kevin O'Rourke, and Jeffrey Williamson, 'The Spread of Manufactur-

ing to the Poor Periphery 1870–2007', *Open Economies Review*, 2015, Vol. 26, pp. 1–37.

参照文献

第1章　過去と現在

全生産性増大への諸産業の貢献と全要素生産性（TFP）の増大への工業の貢献：C. K. Harley, 'Reassessing the Industrial Revolution: A Macro View', in J. Mokyr (ed.), *The British Industrial Revolution: An Economic Perspective*, 2nd edn, Boulder, CO, 1990, p. 200; 1780年から1860年までの全要素生産性における平均的な経済全体の成長との関連は，N. F. R. Crafts, *British Economic Growth During the Industrial Revolution*, Oxford, 1985, p. 81をみよ。

ロウソク製造：George Dodd, *Days at the Factories* (1843), 1975, pp. 202–7.

ノース首席裁判官の兄：引用は，Brother of Lord Chief Justice North-quoted by Keith Thomas, *Religion and the Decline of Magic*, London, p. 547〔キース・トマス／荒木正純訳『宗教と魔術の衰退』上下，法政大学出版局，1993年，668ページ〕より。

第2章　産業革命の前提条件，1500–1700年

ウィットニーの歴史は，Simon Townley (ed.), *The Victoria History of the Counties of England: A History of the County of Oxford*, Vol. XIV: *Witney and its Townships*, 2004をみよ。

コベットの引用は，William Cobbett, *Rural Rides*, ed. by Asa Briggs, Everyman's Library, p. 131より。

イギリスの高賃金：Robert C. Allen, *The British Industrial Revolution in Global Perspective*, 2009, pp. 25–56〔ロバート・C・アレン／眞嶋史叙ほか訳『世界史のなかの産業革命——資源・人的資本・グローバル経済』名古屋大学出版会，2017年，28–62ページ〕.

身長：R. Floud, K. Wachter, and A. Gregory, *Height, Health and History: Nutritional Status in the United Kingdom, 1750–1980*, 1990; and F. Cinnirella, 'Optimists or Pessimists? A Reconsideration of Nutritional Status in Britain', *European Review of Economic History*, 12 (2008), pp. 325–54.

第3章　なぜ産業革命はイギリスから始まったのか？

「マクロ発明」や「産業的啓蒙」などの用語は以下に由来する。Joel Mokyr, *The Lever of Riches: Technological Creativity and Economic Progress*, 1990; *The Gifts of Athena: Historical Origins of the Knowledge Economy*, 2002〔ジョエル・モキイア／伊藤庄一訳『知識経済の形成——産業革命から情報化社会まで』名古屋大学出版会，2019年〕.

アジア物産の影響による変化は，Maxine Berg, *Luxury & Pleasure in Eighteenth Century Britain*, 2005; Giorgio Riello, *Cotton: The Fabric that Made the Modern World*, 2013をみよ。

「産業革命について語るものは誰でも」：Eric Hobsbawm, *Industry and Empire: An Economic History of Britain since 1750*, 1968, p. 56〔エリック・J・ホブズボーム／浜林正夫・神武庸四郎・和田一夫訳『産業と帝国』未來社，1984年，66ページ〕.

紡績工の労働市場：Robert C. Allen, 'The High Wage Economy and the Industrial Revolution: A Restatement', *Economic History Review*, 2015, Vol. 68, No. 1, pp. 1–22.

毛織物製品の輸出の割合：Phyllis Deane, 'The Output of the British Woollen Industry in the Eighteenth Century', *Journal of Economic History*, 1957, Vol. 17, pp. 220, 222, n45.

「1人の才気ある意匠作家の図面」：A. P. Wadsworth and J. L. Mann, *The Cotton Trade and Industrial Lancashire*, 1931, p. 143.

1880年の世界の綿生産に占めるイギリスの割合：Thomas Ellison, *The Cotton Trade of Great Britain*, 1886, p. 146.

アジアを犠牲としたイギリスの拡大：Stephen Broadberry and Bishnupriya Gupta, 'Lancashire, India, and Shifting Competitive Advantage in Cotton Textiles, 1700–1850: The Neglected Role of Factor Prices', *Economic History Review*, Vol. 62, 2009, pp. 279–305.

手織工の賃金と発明：Robert C. Allen, 'The Handloom Weaver and the Power Loom: A Schumpeterian Perspective', University of Oxford, Discussion Papers in Economic and Social History, No. 142, 2016.

クリスティー帽子工場：George Dodd, *Days at the Factories* (1843), 1975, pp. 141, 145, 158.

「労働分配率はより大きく」：James Turner, ' "John Bull has a Deal to Learn" Factories without Machines in the Nineteenth-century Felt-Hatting Industry', Manchester Polytechnic, Institute of Advanced Studies, Research Paper No. 39, 1986, p. 9.

ニューコメンは科学を知っていたか？：L. T. C. Rolt, *Thomas Newcomen: The Prehistory of the Steam Engine*, 1963, pp. 49–57は、ニューコメンはすべての科学的知識について無実であると主張した。この判断は，L. T. C. Rolt and J. S.

Allen, *The Steam Engine of Thomas Newcomen*, 1997, pp. 37–8 で覆された。H. Floris Cohen, 'Inside Newcomen's Fire Engine, or the Scientific Revolution and the Rise of the Modern World', *History of Technology*, 2004, Vol. 25, pp. 111–32 も参照。

「利用できる水が存在しないで」：J. T. Desaguliers, *A Course of Experimental Philosophy*, 1744, Vol. II, pp. 464–5.

集団的発明とコーンウォールの蒸気機関：Alessandro Nuvolari, 'Collective Invention during the British Industrial Revolution: the Case of the Cornish Pumping Engine', *Cambridge Journal of Economics*, 2004, Vol. 28, pp. 347–63; Alessandro Nuvolari and Bart Verspagen, '*Lean's Engine Reporter* and the Development of the Cornish Engine: A Reappraisal', *Transactions of the Newcomen Society*, 2007, Vol. 77, pp. 167–89.

「多くの実験を試みて」：Robin Hildyard, 'Dwight, John', in H. C. G. Matthew and Brian Harrison（eds）, *Oxford Dictionary of National Biography*, 2004. Online edn edited by Lawrence Goldman, January 2008:〈http://www.oxforddnb.com/view/article/8338〉（accessed 22 August 2012）.

第4章　イギリスの変容

「レース編み機の90パーセント」：*Report addressed to Her Majesty's Principal Secretary of State for the Home Department, upon the expediency of subjecting the lace manufacture to the regulations of the Factory Acts*, command paper 2797, 1861, pp. 29, 31.

合衆国とイギリスの統計（1850年，1851年）：*Compendium of the Seventh Census: Statistical View of the United States*, 1854, p. 148.

「400人から500人の児童」：'Reports from Assistant Hand-Loom Weavers' Commissioners. Part V. Report by W. A. Miles, Esq. On the west of England and Wales', *British Parliamentary Papers*, C. 220, 1840, p. 552.

全国民平均対貴族：Bernard Harris, 'Public Health, Nutrition, and the Decline of Mortality: The McKeown Thesis Revisited', *Social History of Medicine*, Vol. 17, No. 3, 2004, p. 389; Angus Deaton, *The Great Escape: Health, Wealth, and the Origins of Inequality*, Princeton, NJ, 2013, pp. 59–100〔アンガス・ディートン／松本裕訳『大脱出――健康，お金，格差の起原』みすず書房，2014年，72–114ページ〕.

都市の平均余命：Bernard Harris, 'Public Health, Nutrition, and the Decline of Mortality: The McKeown Thesis Revisited', *Social History of Medicine*, Vol. 17, No. 3, 2004, pp. 394–6.

イギリス人の身長と体重：Francis Galton, *Final Report of the Anthropometric Committee*, *Report of the Fifty-Third Meeting of the British Association for the Advance-*

ment of Science, 1883, pp. 284, 292.

自然現象とナポレオン：Joel Mokyr and N. Eugene Savin, 'Stagflation in Historical Perspective: The Napoleonic Wars Revisited', *Research in Economic History*, 1976, Vol. I, pp. 198–259.

シュンペーターの引用は，Joseph A. Schumpeter, *Capitalism, Socialism, and Democracy*, Taylor & Francis e-library, 2003, pp. 82–3, 96〔ヨーゼフ・A・シュムペーター／中山伊知郎・東畑精一訳『資本主義・社会主義・民主主義』新装版，東洋経済新報社，1995 年，129–130, 149 ページ〕より。

第 5 章　改革と民主主義

「年間総生産」：Adam Smith, *An Inquiry into the Nature and Causes of the Wealth of Nations*, ed. by Edwin Cannan, 1937, pp. 50, 52〔アダム・スミス／水田洋監訳，杉山忠平訳『国富論』全 4 冊，岩波文庫，2000–2001 年，第 1 冊，95–96, 98–99 ページ〕.

「わが国の国制の原理」：Arthur Young, *The Example of France, A Warning to Britain*, London, 4th edn, 1794, p. 106.

「意見への同意は，多数決によるものではなく影響力によるもの」：John Lawrence Hammond and Barbara Hammond, *The Village Labourer 1760–1832: A Study in the Government of England before the Reform Bill*, 1919, p. 49.

「群衆のモラル・エコノミー」：E. P. Thompson, 'The Moral Economy of the English Crowd in the Eighteenth Century', *Past & Present*, No. 50, February 1971, pp. 76–136.

「暴動による団体交渉」：E. J. Hobsbawm, 'The Machine Breakers', *Past & Present*, No. 1, February 1952, pp. 57–70〔エリック・ホブズボーム／鈴木幹久／永井義雄訳「機械破壊者たち」『イギリス労働史研究　新装版』ミネルヴァ書房，1999 年，第 2 章〕.

バイロンの最初の演説：R. C. Dallas, *Recollections of the Life of Lord Byron, from the Year 1808 to the End of 1814*, 1824, p. 207.

「時間に関して規制を受けることへの嫌悪感」などのウィットニーの織布工への言及：'Reports from Assistant Hand-Loom Weavers' Commissioners, Part V. Report by W. A. Miles, Esq. On the west of England and Wales', *British Parliamentary Papers*, C. 220, 1840, pp. 547–8.

「もしペインの扇動によって」：Rev. Christopher Wyvill, *Political Papers*, 1794–1802, Vol. V, p. 23.

「立法府は，……できることは何でもおこなうであろう」：Graham Wallas, *The Life of Francis Place, 1771–1854*, 1898, p. 159.

「真の闘争」：Lord Henry Cockburn, *Life of Lord Jeffrey: With a Selection from his Correspondence*, 2nd edn, 1852, Vol. II, p. 233.

選挙民の拡大：John A. Phillips and Charles Wetherell, 'The Great Reform Act of 1832 and the Political Modernization of England', *American Historical Review*, 1995, vol. 100, pp. 411–36.

「支配的な階級が存在するところでは」：Richard K. P. Pankhurst, *William Thompson（1775–1833）Britain's Pioneer Socialist, Feminist, and Co-operator*, 1954, p. 131n.

バジョットの回想：'Mr Cobden', *The Economist*, Vol. XXIII, No. 1128, 8 April 1865, p. 398.

『時代の兆候』からの引用は，〈http://www.victorianweb.org/authors/carlyle/signs1.html〉.

ベンサムの引用：*A Comment on the Commentaries and a Fragment on Government*, in J. H. Burns and H. L. A. Hart（eds）, *The Collected Works of Jeremy Bentham*, 1977, p. 393 より。

「社会改良を推進するために」：T. S. Ashton, *Economic and Social Investigations in Manchester, 1833–1933. A Centenary History of the Manchester Statistical Society*, 1934, p. 13.

「全国のいたるところに［急進派の］組織が存在していた」：引用は，Dorothy Thompson, *The Chartists: Popular Politics in the Industrial Revolution*, 1984, p. 60〔ドロシィ・トムスン／古賀秀男・岡本充弘訳『チャーティスト——産業革命期の民衆政治運動』日本評論社，1988 年，90 ページ〕より。

第 6 章　産業革命の世界的拡大

「綿織物職人の骨が……」：Karl Marx, *Capital*, 1867, Vol. I, chapter 15, 'Machinery and Modern Industry'〔カール・マルクス／大内兵衛・細川嘉六監訳『資本論』第 1 巻，マルクス＝エンゲルス全集，第 23 巻 a，大月書店，1965–1967 年，第 13 章「機械と大工業」〕.

「インドにおける織物業の解体」：UK House of Commons, *Report from the Select Committee on East India Produce*, session 1840（527）, question 3920.

1960 年代の開発経済学の例としては，以下を参照。W. W. Rostow, *The Stages of Economic Growth: A Non-Communist Manifesto*, 1960〔1972 年出版の第 2 版からの邦訳は，ウィリアム・W・ロストウ／木村健康・久保まち子・村上泰亮訳『経済成長の諸段階——一つの非共産主義宣言』増補版，ダイヤモンド社，1974 年〕.

紡錘あたりの労働者：1780 年代の手紡ぎは，問屋制度での一紡錘あたり 1 人の紡績工と 1 人の梳綿職人に加えて補助的人員を必要とした。Robert C. Allen, *The British Industrial Revolution in Global Perspective*, 2009, pp. 185–6〔ロバート・C・アレン／眞嶋史叙ほか訳『世界史のなかの産業革命——資源・人的資本・グローバル経済』名古屋大学出版会，2017 年，210–11 ページ〕.

アークライト工場：Mary Rose, *The Gregs of Quarry Bank Mill: The Rise and Decline*

of a Family Firm, 1750–1914, 1986, pp. 20, 25.
フランスの工場：Andrew Ure, *The Cotton Manufacture of Great Britain*, London, 1836, Vol. I, p. lxxv.
1820年のイギリスの工場：G. H. Wood, 'The Course of Women's Wages during the Nineteenth Century', Appendix A in B. L. Hutchins, *A History of Factory Legislation*, 1903, p. 302.
アラブの知識人：Albert Hourani, *Arabic Thought in the Liberal Age, 1798–1939*, 1983.

図版一覧

1. ペーテル・ブリューゲル（父）『ネーデルランドの諺』の細部。
絵画館（Gemäldegalerie, Berlin）©World History Archive/age footstock
2. 1人あたりの国民総生産と平均実質賃金
基礎となるデータは以下で説明されている。Robert C. Allen, 'Engel's Pause: Technical Change, Capital Accumulation, and Inequality in the British Industrial Revolution', *Explorations in Economic History* 46（2009）: 418–35. 論文で明らかにした実質国民総生産のデータは，新たな実質国民総生産のデータによって塗り替えられている。Stephen Broadberry, Alexander Klein, Bas van Leeuwen, Bruce Campbell, and Mark Overton, *British Economic Growth, 1270–1870*, Cambridge: Cambridge University Press, 2015: 241–4.
3. アーリー紋章の毛布
オクスフォード州博物館の許可を得て掲載（Oxfordshire Museums Service, OXCMS: 2004. 134. 66）
4. ボストン市の南東部の眺望（1730年ごろ）
Yale Center for British Art, Paul Mellon Collection
5. 人口と実質賃金，1300–1750年
以下を参照。Robert C. Allen, 'Poverty and Progress in Early Modern Europe', *Economic History Review* LVI（2003）: 403–43
6. 世界の生存費に比例した賃金
引用データは，以下の論文の図6（19ページ）をもとにしている。Robert C. Allen, 'The High Wage Economy and the Industrial Revolution: A Restatement', *The Economic History Review* 2015: 68: 1–22
7. 手織工と紡ぎ手の住むアイルランドの小屋
©Mary Evans Picture Library/Alamy Stock Photo
8. 工場紡績
アメリカ議会図書館（the Library of Congress）の許可を得て掲載
9. ニューコメン蒸気機関の図解
Black & Davis, *Practical Physics for Secondary Schools: Fundamental Principles and Applications to Daily Life*（Macmillan, 1913）/Wikimedia Commons より
10. 柳模様で装飾された皿
©Hanley Museum & Art Gallery, Staffordshire, UK/Bridgeman Images

11. リチャード・アークライト（a）と彼の発明した水力紡績機（b）
（a）©iStock.com/mashuk;（b）©Science Museum/Science & Society Picture Library-all rights reserved
12. ランカシャーの実質賃金
農場労働者や建設労働者は，以下で説明されている。Robert C. Allen, 'The High Wage Economy and the Industrial Revolution: A Restatement', *The Economic History Review* 68（2015）: 8 and 19
手織工は綿織物職人で，収入は以下にしたがう。C. H. Feinstein, 'Wage-earnings in Great Britain during the Industrial Revolution', in Iain Begg and S. G. B. Henry（eds）, *Applied Economics and Public Policy*, Cambridge: Cambridge University Press, 1998: 189; and G. H. Wood, 'The Statistics of Wages in the United Kingdom During the Nineteenth Century, Part XVIII and XIX: The Cotton Industry', *Journal of the Royal Statistical Society* 73: 425–33 and 598–9
13. ピータールーの虐殺（ジョージ・クルックシャンクによる風刺画）
Wikimedia Commons
14. 小麦の価格，1785–1875 年
イングランドは『ロンドン・ガゼット』の掲載価格，Brian R. Mitchell and Phyllis Deane, *Abstract of British Historical Statistics*, Cambridge: Cambridge University Press, 1971: 488–9; アムステルダムは，以下に掲載のフリジア小麦の価格，N. W. Posthumus, *Inquiry into the History of Prices in Holland*, Leiden: E. J. Brill, 1946: Vol. I, pp. 10–12
15. ニューポート蜂起の詳細（ケネス・バッドによる壁画）
©REX/Shutterstock
16. 世界の工業生産高の占有率，1750–2013 年
Paul Bairoch, 'International Industrialization Levels from 1750 to 1980', *Journal of European Economic History* 11（1982）: 269–333; and World Bank, *World Development Indicators*, various years